Н.С. Новикова, Т.В. Шустикова

Русская грамматика в таблицах и схемах

Справочное пособие для иностранных учащихся

Russian Grammar in Tables and Charts

Reference book for foreign learners

Допущено Учебно-методическим объединением по направлениям педагогического образования Министерства образования и науки РФ в качестве учебного пособия для студентов высших учебных заведений, обучающихся по направлению 050300

Москва

2013

УДК 811.161.1
ББК 81.2 Рус-96
Н73

Н73   **Новикова, Н.С.**
Русская грамматика в таблицах и схемах: Справочное пособие для иностранных учащихся / Н.С. Новикова, Т.В. Шустикова. — М.: Русский язык. Курсы, 2013. — 176 с.

ISBN 978-5-88337-310-6

Пособие является справочником, в котором в лаконичной и удобной форме приведён фонетический, грамматический и лексико-грамматический материал.

Представление грамматической системы русского языка в виде таблиц и схем является зрительно наглядным, максимально простым и прозрачным. Это помогает лёгкому и быстрому пониманию, запоминанию, усвоению материала.

Каждая таблица снабжена примерами, которые демонстрируют реализацию определённого правила в речи.

Все рубрики, названия таблиц и схем, а также комментарии переведены на английский язык, что позволяет учащимся использовать грамматический справочник не только на аудиторных занятиях, но и самостоятельно.

Пособие будет полезно как учащимся, так и преподавателям РКИ.

This reference book contains phonetic, lexical and grammatical material in a compact and convenient form.

All sections, table titles and comments have English translations, which can serve as an effective basis for learning the Russian language.

Each table is supplemented with examples drawn from contemporary literary works. Materials in the book are designed to be used at different stages of learning.

The reference book "Russian grammar in tables and charts" is addressed to non-native speakers studying the Russian language and will be useful for teachers of Russian as a foreign language.

The book can be used both in class and for self-study.

ISBN 978-5-88337-310-6

СОДЕРЖАНИЕ
CONTENTS

Часть 2   СУЩЕСТВИТЕЛЬНЫЕ. ПРИЛАГАТЕЛЬНЫЕ. МЕСТОИМЕНИЯ
NOUNS. ADJECTIVES. PRONOUNS   **42**

§1 **Именительный падеж**
Nominative case   **42**

§ 2 | **Родительный падеж**
Genitive case | **49**

§ 5
Творительный падеж
Instrumental case   70

§6 **Предложный падеж**
Prepositional case **76**

§2 **Глаголы движения**
Verb of motion

114

Часть 5 НАРЕЧИЯ И ПРИЛАГАТЕЛЬНЫЕ
ADVERBS AND ADJECTIVES

141

Часть 6 ЧАСТИЦЫ
PARTICLES

148

Часть 7 ПРЕДЛОГИ
PREPOSITIONS 152

Часть 8 СИНТАКСИС
SYNTAX 154

§1 Сложное предложение
Complex sentence 154

§2 Безличные конструкции
Impersonal constructions 156

Справочное пособие «Русский язык в таблицах и схемах» адресовано иностранцам, изучающим русский язык, а также будет полезно преподавателям РКИ. Книга включает в себя материал для элементарного (A1), базового (A2) и первого сертификационного (B1) этапов обучения.

Пособие содержит более 150 таблиц и схем, в которых в лаконичной и удобной форме приведён фонетический, грамматический и лексико-грамматический материал.

Пособие построено на разработанных авторами критериях, среди которых ключевыми являются следующие.

- Представление грамматической системы русского языка в виде таблиц является зрительно наглядным, что способствует его более лёгкому и быстрому пониманию, запоминанию, усвоению. Оно является максимально простым и прозрачным.

- Все рубрики, названия таблиц и комментарии переведены на английский язык, что может служить опорой при изучении русского языка.

- Каждая таблица снабжена примерами, взятыми из современного литературного языка. Примеры показывают иностранным учащимся реализацию определённого правила в речи, что способствует развитию навыков нормативного использования грамматических форм в устной и письменной речевой коммуникации.

- Материалы книги дают возможность использовать их на разных этапах обучения. Так, для тех, кто впер-

The reference book "Russian language in tables and charts" is addressed to non-native speakers studying the Russian language and will be useful for teachers of Russian as a foreign language. The book includes materials for elementary (A1), Basic (A2) and the first certification (B1) levels of learning Russian.

This book contains more than 150 tables and charts, which present phonetic, lexical and grammatical material in a compact and convenient form.

The book is based on the following key principles developed by the authors:

- The grammatical system of Russian language is presented in very transparent and visual way through the use of tables and charts.

- All sections, table titles and comments have English translations, which can serve as an effective basis for learning the Russian language.

- Each table is supplemented with examples drawn from contemporary literary works. The examples illustrate how specific speech rules are used; they promote the development of skills relating to the regulatory use of grammatical forms in written and verbal communication.

- Materials in the book are designed to be used at different stages of learning. For those who are first beginning to study Russian, the book includes phonetic and intonation tables needed for introductory phonetic and grammar courses. For those who have previously studied Russian grammar

вые приступает к изучению русского языка, в пособие включены фонетические и интонационные таблицы, необходимые для вводного фонетико-грамматического курса. Для тех, кто уже изучал ранее русскую грамматику и хотел бы освежить в памяти отдельные её разделы, будут полезны таблицы и схемы, обобщающие языковой материал.

Книга состоит из восьми частей.

Часть 1 включает в себя сведения о произношении звуков, об ударении, о ритмике и интонации. Здесь приводятся не только правила произношения и ударения, но и содержится важная для учащихся информация о правильном интонировании русской речи. Такой подход является принципиально новым для справочных изданий подобного типа.

Часть 2 посвящена именам существительным, прилагательным и местоимениям. Даются таблицы падежных окончаний существительных, прилагательных и местоимений; приводятся значения каждого падежа и сфера его функционирования. Сводные таблицы по всем падежам, которые даны в этой части, удобны для обобщения материала и его запоминания.

Часть 3 посвящена склонению числительных. Материал данной части может использоваться не только иностранцами, но и носителями языка, так как данная тема и у них вызывает затруднения.

Часть 4 включает в себя информацию, относящуюся к глагольной системе русского языка: сведения о видовременной системе русского глагола, о моделях спряжения, о рефлексивных глаголах, о пассивных и активных конструкциях, о причастиях и деепричастиях, а также о функционировании в речи глаголов движения. Последние представлены в пособии в сопоставле-

and would like to brush up on some of its aspects, the book presents useful tables and charts summarizing the language material.

The book consists of eight parts:

Part 1 includes information about the pronunciation of sounds, stress, rhythm and intonation. Besides the rules of pronunciation and accentuation it also provides important information for students about correct intonation in Russian language. This approach is introduced for first time for students in this reference book.

Part 2 deals with nouns, adjectives, and pronouns. Materials include tables of case endings of nouns, adjectives, and pronouns along with the meaning of each case and where and how it is used. Consolidated summary tables for all cases found in this section are useful for organizing and memorizing material.

Part 3 is devoted to declination of numerals. The material in this section may be used as well by native speakers — it is no secret that the subject is difficult for native speakers.

Part 4 includes information relating to the verbal system of the Russian language: information on the system of aspects and tenses of the Russian verb, models of conjugation, reflexive verbs, the active and passive constructions, participles and verbal adverb, as well as on the functioning of verbs of motion. The latter are presented in the manual together with English equivalents, a practice which is not found in other books.

Part 5 contains information on dialects and the degrees of comparison between adjectives and adverbs, use of full-form and short-form adjectives.

Part 6 sets out semantic classifications of the particles, which are rarely included in reference books, and describes the principles of use of the particles in the speech: **ни-, е, -то, -либо, -нибудь** and **кое-**.

нии с английскими эквивалентами, что не встречается в других справочниках.

Часть 5 содержит информацию о наречиях и о степенях сравнения наречий и прилагательных, об образовании и использовании полных и кратких прилагательных.

В **части 6** дается семантическая классификация частиц, которая редко включается в справочники, а также описаны закономерности функционирования в речи частиц: **ни-, не-, -то, -либо, -нибудь** и **кое-**.

В **части 7** содержится информация об употреблении предлогов с разными падежами, а также приводится таблица использования предлогов **за, на, от** и **для**. Употребление данных предлогов всегда вызывает трудности у иностранцев, поэтому авторами была специально разработана таблица, позволяющая разграничивать эти предлоги и правильно использовать их в речи.

Часть 8 включает в себя таблицы, дающие представление о законах построения простого и сложного предложения.

Пособие можно использовать как на аудиторных занятиях, так и для самостоятельного изучения.

Благодарим Пенелопу Минни, Келли Смит и Лоренса Кея за помощь в подготовке издания.

Авторы

Part 7 provides information on the use of prepositions with different cases, and in this chapter a table setting out the use of prepositions **за, на, от** and **для** is provided. The use of these prepositions always has proven difficult for non-native speakers, so the authors have created a table that shows how these prepositions can be distinguished from one another and how to use them correctly in speech.

Finally, **Part 8** includes tables that give an insight into the principles relating to the construction of simple and complex sentences.

Special thanks to Penelope Minnie, Kelly Smith and Lawrence Kay for their help in preparing this book.

Authors

§1 Произношение
Pronunciation

1. Чтение гласных в ударных и безударных позициях
Reading vowels in stressed and unstressed positions

Letter	Sound	
	Stressed	**Unstressed**
а	[а] там, бана́н	[ʌ] [ъ][ʌ] [ъ] [ъ][ъ] авто́бус, каранда́ш, А́нна, ко́мната *Exception: After the consonants* **ч, щ** *letter* **а** ⇒[и] часы́
о	[о] дом, молоко́	[ʌ] [ъ][ʌ] [ъ][ъ] окно́ молоко́ я́блоко
у	[у] тут, у́мный	Украи́на, туда́, на по́лку
э	[э] э́то	[и] [и] поэти́ческий
ы	[ы] мы	ры́бы
и	[и] мир, И́ра	[ь] визи́т, пло́щади
е	[э], [йэ] лес, е́сли	[и] [ь][и] [ь] семья́, переры́в, на по́лке
я	[а], [йа] ряд, я́блоко	[и] [ь] [ь] пятна́дцать, пятьдеся́т, де́сять
ё	[о], [йо] лёд, ёлка	*Cannot be in an unstressed position*
ю	[у], [йу] лю́ди, юг	[у] люблю́, Ко́лю

2. Чтение букв е, ё , ю, я под ударением
Reading letters е, ё , ю, я in stressed position

Letters	Sound	
	At the beginning of a word, after vowels, letters ь and ъ	**After the soft consonants**
я	[йа]	я́блоко, моя́, семья́	[а] пять
ё	[йо]	ёлка, поёт, пьёт	[о] полёт
ю	[йу]	юг, пою́т, пьют	[у] плюс
е	[йэ]	ель, поехать, пьеса, съесть	[э] петь

 Note

In transcription the softness of consonants is denoted by [′]: пять [п'ат'], полёт [п⌃л'о́т], пьёт [п'йот], семья [с'им'йа́].

1. In a word the stressed vowel is pronounced clearly and fully. Unstressed vowels become less tense and full sounding (**у, и, ы**) or change their quality (**а, о, е, я**).
2. Unstressed vowels **а, о** are pronounced as a short sound а [⌃] or a very short sound [ъ], ressemble a middle sound **а/ы [ъ]**: каранда́ш [кър⌃нда́ш], ко́мната [ко́мнътъ], хорошо́ [хър⌃шо́], хо́лодно [хо́лъднъ].
3. Unstressed vowels **е, я** are pronounced as a short sound и − [и] or a very short sound [ь], ressemble a russian sound **и**: переры́в [п'ьр'иры́ф], пятьдеся́т [п'ьд':ис'а́т], во́семь [во́с'ьм'], де́сять [д'э́с'ьт'].
4. The post-stressed final vowel letter **я** after soft consonant is pronounced as a very short sound [ъ], ressemble a middle sound **а/ы**: вре́мя [вр'э́м'ъ], но́вая [но́въиъ].
5. After the hard consonants **ж, ш, ц** the unstressed vowel letter **е** is pronounced as [ы]: жена́ [жына́], шестна́дцать [шысна́цът'], цена [цына́].

3. Правила чтения согласных
Rules for reading the consonants

Always hard [ж][ш][ц]	Always soft [ч'][щ']
жа [жа], **жо** [жо], **жё** [жо], **жу** [жу], **же** [жэ], **жи** [жы]	**ча** [ч'а], **чо** [ч'о], **чё** [ч'о], **чу** [ч'у], **че** [ч'э], **чи** [ч'и]
ша [ша], **шо** [шо], **шё** [шо], **шу** [шу], **ше** [шэ], **ши** [шы]	**ща** [щ'а], **щё** [щ'о], **щу** [щ'у], **ще** [щ'э], **щи** [щ'и]
ца [ца], **цо** [цо], **цу** [цу], **це** [цэ], **цы** [цы], **ци** [цы]	—

☞ **Note** You should write **жи, ши, же, ше, ча, чу, ща, щу**.

4. Звонкие и глухие согласные
Voiced and unvoiced consonants

Voiced consonants	**Hard consonants**	б	в	г	д	ж	з	л	м	н	р	—				—
	Soft consonants	б'	в'	г'	д'	—	з'	л'	м'	н'	р'	й				
Unvoiced consonants	**Hard consonants**	п	ф	к	т	ш	с			—			х	ц	—	—
	Soft consonants	п'	ф'	к'	т'	—	с'						х'	—	ч'	щ'

5. Чтение согласных перед гласными, буквами ъ и ь (за исключением ж, ш, ц, ч, щ, й)
Reading consonants before the vowels, the letters ъ and ь (except ж, ш, ц, ч, щ, й)

Pronunciation of consonants			
Hard		**Soft**	
Positions	**Examples**	**Positions**	**Examples**
At the **end** of word	дом, мост	At the **end** of word before **Ь**	брать
Before the **hard consonant**	брат, спорт	Before **Ь** in the combination of letters	письмо, пальто
Before vowels **А, О, У, Ы,** Э and **Ъ**	рад [рат], лот [лот], лук [лук], лы́жи [лы́жы], сэр [сэр], отъе́зд [^тйэ́ст]	Before vowels **Я, Ё, Ю, И, Е** and **Ь**	ряд [р'ат], лёд [л'от], люк [л'ук], ли́па [л'и́пъ], сел [с'эл], статья́ [ст^т'йа́]

6. Твёрдые и мягкие согласные
Hard and soft consonants

Hard consonants	б	в	г	д	з	к	л	м	н	п	р	с	т	ф	х	ж	ш	ц			—
Soft consonants	б'	в'	г'	д'	з'	к'	л'	м'	н'	п'	р'	с'	т'	ф'	х'		—		ч'	щ'	й

7. Чтение звонких и глухих согласных
Reading voiced and unvoiced combinations of consonants

Letters	Sounds	The voiced consonant is pronounced as its voiceless counterpart		Letters	Sounds	The voiceless consonant is pronounced as its voiced counterpart
		At the end of the word	Before unvoiced consonants			Before voiced consonants (except *р, л, м, н, в*)
б	[п]	[п] клуб Это клуб.	[п] трубка Клуб там.	п	[б]	[б] Суп был очень вкусный.
в	[ф]	[ф] перерыв Сейчас перерыв.	[ф] вперёд Перерыв пять минут. Мы идём в парк.	ф	[в]	[в] Шарф голубой. Шкаф дорогой?
г	[к]	[к] друг Это мой друг.	[к] когти Это мой друг Саша.	к	[г]	[г] вокзал Я пойду к другу.
д	[т]	[т] год Скоро Новый год.	[т] лодка Сад там. Кот сидит под столом.	т	[д]	[д] отдых Брат живёт в Москве. Это подарок от брата.
ж	[ш]	[ш] нож Где лежит нож?	[ш] ложка Нож справа, вилка слева.	ш	[ж]	[ж] Это ваш журнал. Где ваш дом?
з	[с]	[с] раз Повторите ещё раз.	[с] сказка Диало приехал из Сенегала.	с	[з]	[з] просьба Познакомь меня с братом.

8. Чтение согласных перед буквами *л, м, н, р, в*

Reading consonants before letters л, м, н, р, в

Voiced consonants voiced before *л, м, н, р, в* are pronounced as voiced			Unvoiced consonants before *л, м, н, р, в* are pronounced as unvoiced		
Letters	Sounds	Examples	Letters	Sounds	Examples
б	[б]	блок, обман, обнять, обрыв, обвинить	п	[п]	плохо, правильно, топ-менеджер
в	[в]	влажный, в Москве, в Нигерии, в России, в Венгрии	ф	[ф]	флаг, шарф новый, шарф Миши, фраза
г	[г]	гладкий, догма, гнать, гроза, гвоздь	к	[к]	клей, к Мише, книга, Украина, к вам
д	[д]	для, администрация, дни, друг, два	т	[т]	от Лены, от Миши, от Нины, три, твой
ж	[ж]	жму, окружность, жвачка	ш	[ш]	шла, смешной, ваш муж, ваш нож, ваш рост, ваш возраст
з	[з]	змея, знать, злой, зрение, звонок	с	[с]	слово, смелый, снова, с руки, с вами

9. Чтение сочетаний согласных

Reading complex combinations of consonants

Combination of consonants	Pronunciation	Examples
ЖЧ, СЧ, ЗЧ	[ш']	мужчина, считать, рассказчик
ЛНЦ	[нц]	солнце
СТН	[сн]	радостный
ЗДН	[зн]	праздник
ВСТВ	[ств]	здравствуйте

10. Основные акцентно-ритмические модели слов, словосочетаний и предложений
Some accent-rhythmical structures of words, combinations of words and sentences

ТА́
я, он, дом, тут, мой, дай, петь, пять, да, нет, стоп, спорт

таТА́
Ива́н, оте́ц, друзья́, моя́, како́й, большо́й, идти́, всегда́

ТА́та
А́нна, бра́тья до́ма, но́вый, пя́тый, стро́ить, за́втра

ТА́тата
ко́мната, пра́вильный, спра́шивать, пра́вильно, ты́сяча

таТА́та
студе́нтка, весёлый, отве́тить, прия́тно, деся́тый

тататА́
каранда́ш, дорого́й, написа́ть, ничего́, пятьдеся́т

ТА́татата	
спра́шивайте,	пра́вильные
му́жественный	ты́сячная

таТА́тата	
спосо́бные	нехо́лодно
семна́дцатый	неве́село
приве́тствовать	

татаТА́та	
перево́дчик	нехоло́дный
невесёлый	недалёкий
танцева́ли	

тататаТА́	
карандаши́	сороково́й
переводи́ть	недалеко́
недорого́й	

та ТА́	
мой дру́г	Вот до́м.
тот до́м	Стой ту́т!
сто дне́й	Кто та́м?

тата́ ТА́та	
моя́ сестра́	моё ме́сто
родно́й язы́к	большо́й го́род
Иди́ сюда́!	Чита́й бы́стро!

татата́ ТА́та	
небольшо́й го́род	Приходи́ за́втра!
пятьдеся́т де́вять	Отвеча́й гро́мко!

тататата́ ТА́та	
Я прочита́л кни́гу.	Ты отвеча́л гро́мко.
Он написа́л пи́сьма.	Том отдыха́л до́ма

тататаТА́та таТА́та	
Мы покупа́ем тетра́ди.	Я согласи́лся с друзья́ми.
Вы заходи́ли в апте́ку.	Мы побыва́ли в Кита́е.

Note

The syllable **ТА́** is stressed syllable in the word and in the combination of words. The syllable **та** is unstressed syllable in the word. The syllable **та́** is feeble-stressed syllable in the combination of words.

11. Постоянное ударение в именах существительных
Nouns with permanent stress

With -тель	With -ени-, -ани-	With -тур(а)	With -тор	With -ан	With -ин	With -он	With -ци(я)	With -и(я)
учи́тель	изуче́ние дыха́ние	культу́ра	а́втор	океа́н	графи́н	ваго́н	ле́кция	тео́рия

12. Имена существительные с подвижным ударением
Nouns with variable stress. Nominative singular and plural

Masculine			Feminine	Neuter	
Sing. — Plural	Sing. — Plural	Sing. — Plural	Sing. — Plural	Sing. — Plural	Sing. — Plural
стол — столы́	кусо́к — куски́	оте́ц — отцы́	рука́ — ру́ки	сло́во — слова́	окно́ — о́кна

 **Note**

1. Some masculine nouns, which consist of 1 syllable in the Nominative singular, have the stressed ending. Examples of the forms singular: стол → стола́ → столу́ → столо́м → столе́; plural: столы́ → столо́в → стола́м → столы́ → стола́ми → стола́х. But some nouns masculine, which consist of 1 syllable in the Nominative singular, have the ending unstressed. Examples: шарф → ша́рфа → ша́рфу → шарф → ша́рфом → ша́рфе → ша́рфы → ша́рфов → ша́рфам— ша́рфами → ша́рфах.

2. The masculine nouns with the combinations -оро- и -оло- change the stress: го́род → города́, хо́лод → холода́. In the singular forms they have a constant stress on the basis of the word. Examples: го́род → го́рода → го́роду → го́род → го́родом → го́роде. But in plural they have the stress at the ending. Examples: города́ → городо́в → города́м → города́ → города́ми → города́х.

3. The feminine nouns, which consist of 2 syllables, have a stress in the singular form on the ending of the word. Examples: рука́ → руки́ → руке́ → ру́ку → руко́й → руке́. They have a variable stress in the plural: ру́ки → рук → рука́м → ру́ки → рука́ми → рука́х.

4. The neuter nouns, which consist of 2 syllables, in the singular forms have the unstressed ending, but in plural they have the stress at the ending. Examples: singular: сло́во → сло́ва → сло́ву → сло́во → сло́вом → сло́ве; plural: слова́ → слов → слова́м → слова́ → слова́ми → слова́х.

13. Имена прилагательные с постоянным ударением
Adjectives with permanent stress

Stress falls on the stem ending -ый, -ий		Stress falls on the ending ending -ой	
но́вый	хоро́ший	родно́й	большо́й
интере́сный	высо́кий	молодо́й	городско́й
си́ний	стро́гий	цветово́й	дорого́й
после́дний	ти́хий	скоростно́й	плохо́й

14. Ударение в именах прилагательных с суффиксами -тельн-, -ическ-, -онн-
Stress in adjectives with suffixes ´-ельн-, -и́ческ-, -о́нн-

With -´тельн-	With -и́ческ-	With -о́нн-
обяза́тельный	полити́ческий	авиацио́нный
показа́тельный	математи́ческий	революцио́нный
увлека́тельный	стратеги́ческий	координацио́нный

15. Ударение в формах сравнительной степени прилагательных и наречий
Stress in comparative degree of adjectives and adverbs

Adjective	Adverb	Comparative degree	Adjective	Adverb	Comparative degree
ТА́та	таТА́та	таТА́та	таТА́та	таТА́та	таТА́тата
тру́дный	тру́дно	трудне́е	краси́вый	краси́во	краси́вее
бы́стрый	бы́стро	быстре́е	поле́зный	поле́зно	поле́знее
вку́сный	вку́сно	вкусне́е	удо́бный	удо́бно	удо́бнее
но́вый	но́во	нове́е	прекра́сный	прекра́сно	прекра́снее
бе́дный	бе́дно	бедне́е	акти́вный	акти́вно	акти́внее
си́льный	си́льно	сильне́е	упря́мый	упря́мо	упря́мее

 Note

1. If an adjective consists of 2 syllables, the stress in the comparative degree usually falls on first **e** in suffix -ee.
2. If an adjective consists of 3 or more syllables, the stress in the comparative degree usually keeps the same place as in the full form (exceptions **холо́дный → холодне́е, тяжёлый → тяжеле́е, горя́чий → горяче́е, весёлый → веселе́е**).

16. Подвижное ударение в формах прошедшего времени в глаголах быть, ждать, дать, взять, спать
Variable stress in the past forms of verbs быть, ждать, дать, взять, спать

Infinitive	Past forms			
	Masculine	**Feminine**	**Neuter**	**Plural**
ТА	**ТА**	**таТА́**	**ТА́та**	**ТА́та**
быть	был	была́	бы́ло	бы́ли
ждать	ждал	ждала́	жда́ло	жда́ли
спать	спал	спала́	спа́ло	спа́ли
жить	жил	жила́	жи́ло	жи́ли
взять	взял	взяла́	взя́ло	взя́ли

 Note In the past tense the negative forms of verb быть stress falls on the particle не (except feminine form):
не́ был, не́ было, не́ были. *But:* не была́.

17. Ударение в количественных и порядковых числительных
Stress in cardinal and ordinal numerals

	CARDINAL	ORDINAL		CARDINAL	ORDINAL		CARDINAL	ORDINAL
1	оди́н	пе́рвый	13	трина́дцать	трина́дцатый	20	два́дцать	двадца́тый
2	два	второ́й	---	--------------	------------	30	три́дцать	тридца́тый
3	три	тре́тий	15	пятна́дцать	пятна́дцатый	40	со́рок	сороково́й
4	четы́ре	четвёртый	16	шестна́дцать	шестна́дцатый	50	пятьдеся́т	пятидеся́тый
5	пять	пя́тый	17	семна́дцать	семна́дцатый	60	шестьдеся́т	шестидеся́тый
6	шесть	шесто́й	18	восемна́дцать	восемна́дцатый	70	се́мьдесят	семидеся́тый
7	семь	седьмо́й	19	девятна́дцать	девятна́дцатый	80	во́семьдесят	восьмидеся́тый
8	во́семь	восьмо́й		*But:*	*But:*	90	девяно́сто	девяно́стый
9	де́вять	девя́тый	11	оди́ннадцать	оди́ннадцатый	100	сто	со́тый
10	де́сять	деся́тый	14	четы́рнадцать	четы́рнадцатый			

18. Глаголы с постоянным ударением
Verbs with permanent stress

Stress falls on the stem	Stress falls on the ending
Verbs of 1st E-conjugation	
Model **ЧИТА́ТЬ**	Model **НЕСТИ́**
я чита́ю, ты чита́ешь, они чита́ют он чита́л, она чита́ла, оно чита́ло, они чита́ли Чита́й! Чита́йте! Знать, де́лать, гуля́ть, понима́ть, укрепля́ть, пока́зывать, переде́лывать, восхища́ться...	я несу́, ты несёшь, они несу́т он нёс, она несла́, оно несло́, они несли́ Неси́! Неси́те! Идти́, везти́, вести́, привезти́, перевести́...
Model **ИМЕ́ТЬ**	Model **КЛАСТЬ**
я име́ю, ты име́ешь, они име́ют он име́л, она име́ла, оно име́ло, они име́ли Име́й! Име́йте! Уме́ть, боле́ть, владе́ть, успе́ть, красне́ть...	я кладу́, ты кладёшь, они кладу́т он клал, она клала́, оно клало́, они кла́ли Клади́! Клади́те! Упа́сть, красть, попа́сть...
Model **РИСОВА́ТЬ**	Model **БРАТЬ**
я рису́ю, ты рису́ешь, они рису́ют он рисова́л; она рисова́ла, оно рисова́ло, они рисова́ли Рису́й! Рису́йте! Танцева́ть, уча́ствовать, чу́вствовать, де́йствовать, пра́здновать, ра́доваться...	я беру́, ты берёшь, они беру́т он брал, она брала́, оно брало́, они бра́ли Бери́! Бери́те! Собра́ть, убра́ть, собра́ться, добра́ться, убра́ться...

Model БРАТЬ	
Взять я возьму́, ты возьмёшь, они возьму́т он взял, она взяла́, оно взяло́, они взя́ли Возьми́! Возьми́те! **Поня́ть** – я пойму́, ты поймёшь, они пойму́т он по́нял, она поняла́, оно по́няло, они по́няли Пойми́! Пойми́те!	Снять я сниму́, ты сни́мешь, они сни́мут он снял, она сняла́, оно сняло, они сня́ли Сними́! Сними́те! Обня́ть, подня́ть, приня́ть

Verbs of 2nd *И*-conjugation

Model СТРО́ИТЬ	Model ЛЕЖА́ТЬ
я стро́ю, ты стро́ишь, они стро́ят он стро́ил, она стро́ила, оно стро́ило, они стро́или Стро́й! Стро́йте! Беспоко́ить, беспоко́иться, стро́ить, отве́тить	я лежу́, ты лежи́шь, он (она, оно) лежи́т, мы лежи́м, вы лежи́те, они лежа́т он лежа́л, она лежа́ла, оно лежа́ло, они лежа́ли Лежи́! Лежи́те! Полежа́ть, принадлежа́ть

Stress falls on the prefix *вы-*. Perfective verbs

Verbs of 1 *E*- and 2 *И*-conjugation

Вы́играть, вы́работать, вы́сказать, вы́брать, вы́учить, вы́делить, вы́пасть, вы́мыть, вы́йти, вы́нести

 Note In order to compact presentation of the material in the table there are given verb forms only in Present and the Past tenses and in the Imperative. In the Present tense forms of I and II persons singular and III persons plural are given. in the Past tense are given only the forms of III person of the singular and plural are given.

Интонация
Intonation

19. Интонационные конструкции (ИК)
Intonation constructions

Type of ИК	Typical example and the scheme of ИК	Usage of ИК	Examples
ИК-1	(centre of ИК) average tone — − ─ ⌐ − below average tone 1. **Катя студентка.** prestressed part stressed part post-stressed part	1. In simple narrative sentences. (ИК-1 denotes neutral tone of the speaker).	Я живу в Москве. Он любит музыку.
	average tone (centre of ИК) − − ⌐ 2. **Это дом.** prestressed part stressed part	2. In complex sentences with conjunction **и** or without it	Играет музыка, / люди отдыхают.
	(centre of ИК) ⌐ − — below average tone 3. **Я** студент (а не мой брат). stressed part post-stressed part	3. In the final sintagm in complex sentences.	Я знаю девушку, / о которой ты говорил.
	(centre of ИК) average tone — ⌐ − − − below average tone 4. **Я тоже студент.** prestressed part stressed part post-stressed part	4. In case of innumeration (it denotes the neutral tone of the speaker). 5. In cases when direct speech is introduced by the words of author.	Когда я вошёл в комнату,/ все замолчали. На столе лежат ручка, / тетрадь, / карандаш, / учебник. Нина спросила: / «Где ты был вчера?»

The intonational system is based on the works of H.A. Bryzgunova. The centre of the ИК-1 often coincides with the last stressed syllable of the phrase, but it can take another place depending on the logical stress. The prestressed part of ИК-1 is on the average tone. A distinctive feature of ИК-1 is a sharp drop of the tone on the center of ИК-1. The post-stressed part drops lower than the mid tone. ИК-1 denotes the neutral and descriptive character.

Продолжение таблицы 19

ИК-2	average tone _ •_ _ _ _ _ (centre of ИК) below average tone 1. Когда вы приехали? prestressed part · stressed part · post-stressed part (centre of ИК) • _ _ below average tone 2. Кто это ? stressed part · post-stressed part	The centre of ИК-2 is mostly on the interrogative word, but it can be placed on any other words depending on the logical stress. The prestressed part of ИК-2 is on the average tone. This construction is characterized by the very intensive pronunciation of the vowel in the centre of ИК-2 (on the average tone). The post-stressed part drops lower than the mid tone. 1. Special questions (with question words **кто, что, когда, где …**).	Что вы читаете? (2) Что вы читаете? (2) Что вы читаете? (2)
	average tone _ _ • _ _ _ _ (centre of ИК) below average tone 3. Когда вы приехали ? prestressed part · stressed part · post-stressed part	2. In sentences with an imperative expressing a request or order and also in the sentences containing the words **зря** and **напрасно** (in vain).	Закройте дверь! (2) Не ходи туда! (2) Зря ты купил эту книгу! (2) Напрасно ты не позвонил мне. (2)
		3. In sentences with conjunction **a** in constructions with **не**.	Это школа, (2) / а не институт. (1/2) Это моя сумка, (2) / а не твоя. (1/2)
ИК-3	average tone _ ⌄_ _ _ _ (centre of ИК) below average tone 1. Вы были в театре? (Да, был.) prestressed part · stressed part · post-stressed part (centre of ИК) average tone_ _ _ _ ⌄ _ below average tone 2. Вы были в театре? (Да, в театре.) prestressed part · stressed part · post-stressed part	1. General question (without interrogative word). 2. In non-final constructions of the simple sentences: a) In sentences with a hyphen (before hyphen). b) To mark the subject group, the adverbial modifies place, time str. c) In prepositional gerund constructions.	Это понятно? (3) Вы читали эту книгу? (3) Москва (3/4) / — столица России. (1) Мой младший брат (3/4) / учится (1) в школе. (1) Вечером (3/4) / в старом парке (3/4) / играла музыка. (1) Отдохнув, (3/4) / мы пошли дальше. (1)

ИК-3			
	(centre of ИК) below average tone 3. Вы были в театре? (Да, я.) stressed part post-stressed part	3. In non-final constructions of complex sentences .	Мы вышли из леса, / ^{3/4} и перед нами появилась река. ¹ Если будет тепло, / я пойду гулять. ^{3/4} ¹ Я пойду гулять, / если будет тепло. ^{3/4} ¹

The centre of ИК-3 is mostly placed on the stressed syllable of the predicate, of the word which contains the guestion. It can be placed on any other word depending on the communicative task. The prestressed part of ИК-3 is on the average tone. The tone rises sharply on the center of ИК-3. The tone begins to fall within the center of ИК-3. The post-stressed part drops lower than the mid tone. When the question-sentence contains the word **тоже** the centre of ИК-3 is always on the word **тоже**. ИК-3 is highly colloquial.

	4. In sentences with an imperative (polite request, advice).	Дайте, пожалуйста, ручку! ³ Пошёл бы ты к врачу! ³
	5. In sentences with explanations.	Дом, где я живу, / стоит на тихой улице. ^{3/4} ^(3/4) ¹

ИК-4			
	(centre of ИК) average tone — (Я живу в Москве.) А вы? prestressed part stressed part	1. In incomplete interrogative phrases, with the initial conjunction **a** at the beginning of the phase.	— Я читал Горького. — А других русских писателей? ⁴
	(centre of ИК) higher tone average tone — — — А ваши товарищи? prestressed part stressed part post-stressed part	2. In the official speech ИК-4 is used just the same as ИК-3 (№ 2-5).	Москва / — столица России. ^{3/4} ¹ В мае этого года, / в Москве / ^{3/4} ^{3/4} предполагается подписание договора / ^{3/4} между нашими странами. ¹

Incomplete guestions (interrogative sentences) with the conjuinction A are pronounced with ИК-4. The prestressed part of ИК-4 is on the average tone. The tone falls on the center of ИК-4 and begins go up. The post-stressed part is on the higher tone.

ИК-5	average tone (centre of ИК) higher tone _ _ _ _ _ _ _ _ below average **Какая сегодня погода!** prestressed part → post-stressed part stressed part average (centre of ИК) higher tone tone **Как она поёт!** stressed part post-stressed part	1. In sentences containing the qualification (positive or negative) with words: **как, какой**	Какой сегодня день! $\overset{2}{(Да,}$ $\overset{2}{прекрасный!}$ $\overset{2}{Солнце!)}$ $\overset{5}{Какой}$ сегодня день! $\overset{2}{(Да,}$ $\overset{2}{очень}$ $\overset{2}{плохая}$ $\overset{2}{погода!}$ $\overset{2}{Дождь!}$ $\overset{2}{Ветер!)}$ $\overset{5}{Как}$ она поёт! $\overset{2}{(Да,}$ $\overset{2}{прекрасно!}$ $\overset{2}{Талант!)}$ $\overset{5}{Как}$ она поёт! $\overset{2}{(Ужасно!}$ У неё нет $\overset{2}{голоса!)}$
ИК-6	(centre of ИК) higher tone average tone _ _ _ _ **Какой пирог вкусный!** prestressed part stressed part post-stressed part	1. In sentences containing the positive qualification (with words: **как, какой**) 2. In the poetical speech ИК-6 is used just the same as ИК-3 (№№ 2-5).	$\overset{6}{Как}$ хлеб вкусно пахнет! $\overset{6}{Музыку}$ Чайковского / знают $\overset{1}{все.}$ $\overset{3/4/6}{Музыку}$ Чайковского / знают $\overset{1}{все.}$
ИК-7	(centre of ИК) average tone _ _ _ _ _ below average tone **Какой он специалист!** prestressed stressed part post-stressed part part **(ничего не знает)**	In sentences containing the negative qualification with words **как, какой.**	$\overset{7}{Как}$ ты можешь это говорить! $\overset{2}{(Ты}$ не имеешь права на это, ты не $\overset{2}{прав!)}$ $\overset{7}{Какая}$ у них мебель! $\overset{2}{(Старая,}$ $\overset{2}{некрасивая!)}$

The ИК-5 has 2 centres. The first centre of ИК-5 is placed on the stressed syllable of the first word (ex.**как, какой**) or of the word, which names appreciated a thing or a person. The prestressed part of ИК-5 is on the average tone. Then the tone of the centre of ИК-5 smoothly goes up. Then the part is on the higher tone. The second centre of ИК-5 is a sharp drop of the tone, which continues on the postcentral part.
The ИК-5 is highly emotional and expressive, positive or negative.
The centre of ИК-6 is placed on the stressed syllable of the word, which names appreciated thing or person. The prestressed part is on the average tone. Then the tone of the centre of ИК-6 smoothly goes up. The post-stressed part is on the higher tone. ИК-6 is highly emotional, expressive and positive. This type of ИК is often used in poetical style.
The centre of ИК-7 is placed on the stressed syllable of the first word. The prestressed part is on the average tone (ex. in words **како́й, когда́**). Then the tone sharply falls down. ИК-7 is highly emotional and expressive. ИК-7 expresses very negative or contemptuous attitude.

20. Место центра ИК и смысл предложения
Place of the centre of the ИК and meaning of the sentence

ИК-1	ИК-2	ИК-3
The change of centre of ИК-1 doesn't change the sense of proposition, but highlights of the nuances of meaning.	The change of centre of ИК-2 doesn't change the sense of proposition, but highlights of the nuances of the question.	The center of ИК-3 always shows the predicate of the question (what is being asked about). The shifting of the centre of ИК-3 changes the meaning of the question and the centre of ИК-1 in the answer.
Виктор пойдёт на концерт. (*На концерт, а не в театр.*)	— Когда Виктор пойдёт на концерт? — Завтра. Виктор пойдёт на концерт завтра.	— Виктор был на концерте? — Да, на концерте. Виктор был на концерте.
Виктор пойдёт на концерт. (*Он будет на концерте.*)	Виктор завтра пойдёт на концерт.	— Виктор был на концерте? — Да, был. Виктор был на концерте.
Виктор пойдёт на концерт. (*Виктор, а не Антон.*)	Виктор пойдёт завтра на концерт.	— Виктор был на концерте? — Да, Виктор. Виктор был на концерте.

 Note   The centre of ИК-2 (the question) can be located on different words, but in the response the center of ИК-1 is always on the word **завтра**.

21. Синтагматическое членение фразы
Syntagmatic division of phrases

Кто?	Что сделают?	В какой конференции?
синтагма субъекта *syntagm of subject*	**синтагма предиката** *syntagm of predicate*	**синтагма определения** *syntagm of attribute*

Известные учёные из разных стран / примут участие в конференции / по проблемам защиты природы.

Когда?	Где?	Что будет?
синтагма обстоятельства времени *syntagm of adverbial modifier (time)*	**синтагма обстоятельства места** *syntagm of adverbial modifier (place)*	**синтагма смешанного типа** ***syntagm of mixed type*** *(predicate + subject + attribute)*

Через две недели / в Польше и Украине / начнётся чемпионат Европы по футболу.

A syntagm is the part of phrase with is created by the unity of content, values and intonation. There are various types of syntagm in Russian: syntagm of subject, syntagm of predicate, syntagm of object, syntagm of attribute, syntagm of adverbial modifier (time, place, reason, condition), syntagm of mixed type.

22. Типы синтагм
Types of syntagms

Синтагма субъекта *Syntagm of subject*	Синтагма предиката *Syntagm of predicate*	Синтагма объекта *Syntagm of object*
Брат /— врач. **Мой брат** / — врач. **Мой старший брат** / — врач. **Мой старший брат Антон** / — врач. **Чей старший брат** / работает врачом? **Пушкин** / — поэт. **Александр Сергеевич Пушкин** / — великий русский поэт. **Великий русский поэт / Александр Сергеевич Пушкин** / родился в Москве. **Собрание курса** / будет в среду. **Общее собрание курса** / будет в среду. **Новая книга этого английского писателя** / переведена на русский язык. **Мы с другом** / были в клубе. **Два сына** / стали инженерами. **Никто из студентов** / не сделал домашнее задание.	Антон /— **врач.** Антон / — **хороший врач.** Антон / — **мой старый друг.** Юрий Гагарин / — **первый космонавт Земли.** Виктор и Андрей — **студенты Московского университета.** Мои друзья / **станут детскими врачами.** Мой младший брат / **начал учиться плавать.** Пострадавшим в автокатастрофе / **была оказана** / вся необходимая помощь.	Я хочу поступить / **на филологический факультет.** **На какой факультет** / вы хотите поступить? Ли Шань любит разговаривать по-русски / **со своими товарищами из Конго.** Марта помогает изучать испанский язык / **своим русским подругам.** **Каким студенткам** / она помогает учиться? Зал стоя приветствовал / **этого известного артиста.** На семинаре студенты говорили / **о последних открытиях в медицине.** Нам хотелось / **серьёзного откровенного разговора.**

Синтагма определения Syntagm of attribute	Синтагма обстоятельства (времени, места, причины, действия) Syntagm of adverbial modifier (time, place, reason, condition)	Синтагмы смешанных типов Syntagm of mixed type
В субботу мы идём на концерт / **ансамбля народного танца.** Все обсуждали последний роман / **известного японского писателя.** На собрании были студенты / **первого и второго курсов.** Ты знаешь эту девушку / **в красивом голубом платье?** У вас очень хорошая работа — / **без единой ошибки.** Я купила куртку / **с большими карманами.**	**Через несколько дней** / я уезжаю в Париж. **На всех площадях города** / прошли концерты. **Из-за сильной жары** / урожай погиб. **При повышении температуры** / скорость движения молекул увеличивается. **По какой причине** / вы пропустили лекцию? **Через сколько месяцев** / экспедиция вернётся из Арктики?	**Учёные исследовали** / свойства нового вещества. **Учёными описаны** / результаты эксперимента. **Кто создал** / периодическую систему элементов? Наша команда / **выиграла в финальном матче.** Студенты пятого курса / **заняли первое место в конкурсе,** / который проходил в Университете. **На конференции выступили** / молодые учёные-генетики. **Завтра будут опубликованы** / предварительные итоги выборов. **Когда будут опубликованы** / итоги голосования? В Интернете обсуждают / **последнее выступление президента страны.** Мой друг/ **любит русскую поэзию.** **Вам понравился этот фильм?** **Пока шёл дождь,** / мы сидели дома. Я не знаю девушку, / **о которой ты спрашиваешь.** Я поеду в Петербург, **когда сдам экзамены.** **Если мы не понимаем,** мы переспрашиваем. Он пропустил занятия, / **потому что был болен.** Ты пойдёшь в клуб, / **если будешь свободна?**

§1 Именительный падеж
Nominative case

> Nouns in the nominative case answer the questions
> *кто? что? who? what?*

23. Окончания существительных в именительном падеже
(единственное число)
Endings of nouns in the nominative case *(singular)*

Type of stem	Gender								
	Masculine			Feminine			Neuter		
	Inanimate	Animate	The noun ends in	Inanimate	Animate	The noun ends in	Inanimate	Animate	The noun ends in
Hard	стол	студент	cons.	комната	сестра	-а	окно	общество	-о
Soft	словарь	преподаватель	-ь	деревня	Таня	-я	море	поколение	-е
	плащ	врач	-ч, -щ	аудитория	Мария	-ия	здание		-ие
	музей	Андрей	-й	тетрадь	мать	-ь			
	санаторий	Анатолий	-ий	вещь	дочь				

 Note

1. Some nouns ending in -а, -я (e.g. **мужчина, папа, дедушка, Миша, Коля** etc.) are masculine because they designate male persons.
2. A few nouns ending in -я (**дитя, имя, время**) are neuter.
3. Words with a stem ending in a hard consonant -ж, -ш (**этаж, карандаш**) follow the model **плащ**.

24. Окончания существительных в именительном падеже (множественное число)
Endings of nouns in the nominative case (plural)

Type of stem	Masculine			Feminine			Neuter		
	Masculine			Feminine			Neuter		
Hard	стол → столы студент → студенты		-ы	комна**т**а → комна**т**ы сес**т**ра → сёс**т**ры		-ы	ок**н**о → ок**н**а общество → общества		-а
Soft	словарь → словари преподаватель → преподаватели пла**Щ** → пла**Щ**и вра**Ч** → вра**Ч**и музей → музеи Андрей → Андреи санатори**й** → санатори**и** Анатоли**й** → Анатоли**и**		-и	песня → песни Таня → Тани ве**Щ**ь → ве**Щ**и до**чь** → до**чери** тетрадь → тетради мать → мат**ЕРИ** аудитория → аудитории Мари**я** → Мари**и**		-и	море → мор**я** здани**е** → здани**я**		-я

Note

1. If the stem of the noun ends in a hard/soft consonant this hardness/softness is kept in all forms:
   стол → стол**ы** → стол**у**, словарь → словар**и** → словар**ю**.
2. The forms plural of the nouns with stems which end in г, к, х, ч, ш, щ, ж take ending -и (because it's forbidden to write -ы after these consonants): враг → враги, нож → ножи.
3. Some masculine nouns lose the vowels -о / -е: д**е**нь → дни, от**е**ц → отцы, пос**о**л → послы, уг**о**л → углы. The ending -ы/ -и is stressed.

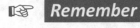

Remember

- Дома, леса, города, берега, поезда, глаза, голоса, учителя. The inflexion -а / -я is always stressed.
- Братья, сыновья, мужья, друзья, стулья, листья, деревья.
- Граждане, англичане, парижане, христиане, крестьяне, славяне.
- Человек → люди; ребёнок → дети; сосед → соседи.

PLURALS

25. Род существительных, оканчивающихся на -ь
Gender of the nouns ending in -ь

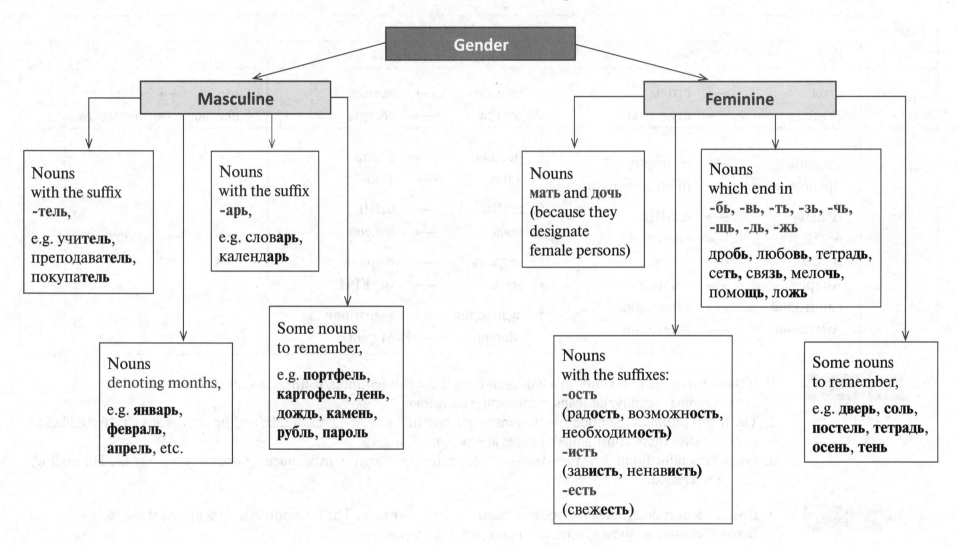

Gender

Masculine

Nouns
with the suffix
-тель,

e.g. учи**тель**,
преподава**тель**,
покупа**тель**

Nouns
with the suffix
-арь,

e.g. слов**арь**,
календ**арь**

Nouns
denoting months,

e.g. **январь**,
февраль,
апрель, etc.

Some nouns
to remember,

e.g. **портфель**,
**картофель, день,
дождь, камень,
рубль, пароль**

Feminine

Nouns
мать and **дочь**
(because they
designate
female persons)

Nouns
which end in
**-бь, -вь, -ть, -зь, -чь,
-щь, -дь, -жь**

**дробь, любовь, тетрадь,
сеть, связь, мелочь,
помощь, ложь**

Nouns
with the suffixes:
-ость
(ра**дость**, возмож**ность**,
необходим**ость)**
-исть
(зав**исть**, ненав**исть)**
-есть
(свеж**есть)**

Some nouns
to remember,

e.g. **дверь, соль,
постель, тетрадь,
осень, тень**

26. Существительные, употребляющиеся только в единственном или только во множественном числе
Nouns that operate only in the singular or plural

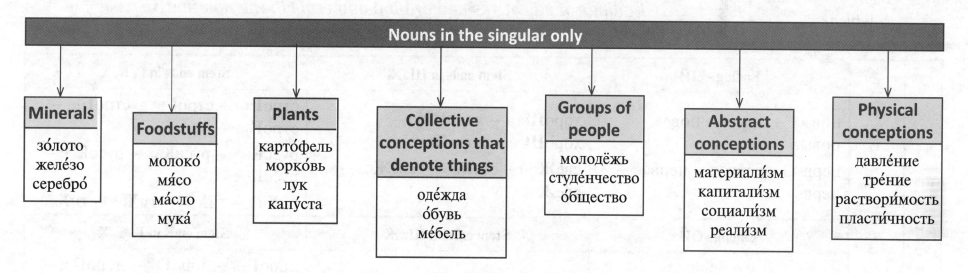

Nouns in the singular only

Minerals
зо́лото
желе́зо
серебро́

Foodstuffs
молоко́
мя́со
ма́сло
мука́

Plants
карто́фель
морко́вь
лук
капу́ста

Collective conceptions that denote things
оде́жда
о́бувь
ме́бель

Groups of people
молодёжь
студе́нчество
о́бщество

Abstract conceptions
материали́зм
капитали́зм
социали́зм
реали́зм

Physical conceptions
давле́ние
тре́ние
раствори́мость
пласти́чность

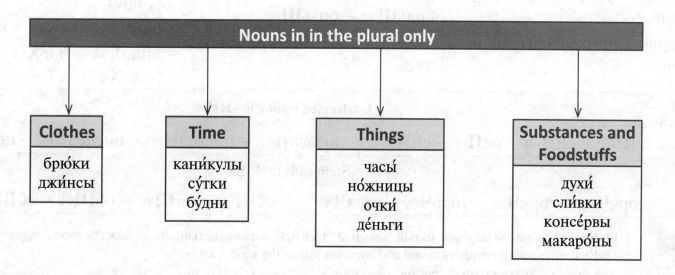

Nouns in in the plural only

Clothes
брю́ки
джи́нсы

Time
кани́кулы
су́тки
бу́дни

Things
часы́
но́жницы
очки́
де́ньги

Substances and Foodstuffs
духи́
сли́вки
консе́рвы
макаро́ны

27. Окончания прилагательных и порядковых числительных в именительном падеже *(единственное и множественное число)*
Endings of adjectives and ordinal numerals in the nominative case
(singular and plural)

		Ending -ЫЙ	Stem ends in Ш, Ж	Stem ends in Г, К, Х
Hard stem	**Unstressed ending**	новый — новая — новое — новые первый — первая — первое — первые	хороШий — хороШая — хороШее — хороШие свеЖий — свеЖая — свеЖее — свеЖие	строГий — строГая — строГое — строГие руссКий — руссКая — руссКое — руссКие тиХий — тиХая — тиХое — тиХие
		Ending -ОЙ	**Stem ends in Ш, Ж**	**Stem ends in Г, К, Х**
	Stressed ending	родной — родная — родное — родные второй — вторая — второе — вторые	больШой — больШая — больШое — больШие чуЖой — чуЖая — чуЖое — чуЖие	дороГой — дороГая — дороГое — дороГие каКой — каКая — каКое — каКие плоХой — плоХая — плоХое — плоХие

Soft stem	**Unstressed ending in -ИЙ**
	сиНий — сиНяя — сиНее — сиНие послеДНий — послеДНяя — послеДНее — послеДНие
	Stem ends in Ч, Щ
	горяЧий — горяЧая — горяЧее — горяЧие обЩий — обЩая — обЩее — обЩие

 Note

1. Ordinal numerals **четвёртый, пятый, девятый, десятый, одиннадцатый**, etc. follow the model **первый**.
2. Ordinal numerals **шестой, седьмой** and **восьмой** follow the model **второй**.
3. The numeral **третий** is an exception: третий (*m.*), третья (*f.*), третье (*n.*), третьи (*pl.*).

28. Употребление указательных местоимений этот, эта, это, эти
Usage of demonstrative pronouns этот, эта, это, эти

Usage as a subject

| Это | + | noun | = | This is |
| These are | + | noun |

Usage as a definition

| Этот Эта Это | = | this |

| Эти | = | these |

📖 **Examples**

Это музей. This is a museum.

Это девушка. This is a girl.

Это здание. This is a building.

Это студенты. These are students.

Этот музей находится в центре. This museum is situated in the centre.

Эта девушка пишет. This girl is writing.

Это здание находится в центре. This building is situated in the centre.

Эти студенты работают. These students are working.

☞ **Remember** When we use demonstrative pronouns **этот**, **эта**, **это**, **эти** as a definition they are changed for gender, number and cases: Я вижу **этого** студента. Я говорил с **этими** студентами.

29. Личные и притяжательные местоимения в именительном падеже
Personal and possessive pronouns in the nominative case

Personal pronouns (singular)	Possessive pronouns		Personal Pronouns (plural)	Possessive pronouns	
Я	мой дом моя комната моё окно мои окна	my, mine	МЫ	наш дом наша комната наше окно наши окна	our, ours
ТЫ	твой дом твоя комната твоё окно твои окна	your, yours	ВЫ	ваш дом ваша комната ваше окно ваши окна	your, yours
ОН	его дом комната окно окна	his, his	ОНИ	их дом комната окно окна	their, theirs
ОНА	её дом комната окно окна	her, hers			
ОНО	его дом комната окно окна	its, its			

📖 **Examples**

— **Чей** это зонт?   — **Чей** зонт лежит на полке?
— Это **мой** зонт.   — На полке лежит **мой** зонт.

— **Чья** это сумка?   — **Чья** сумка стоит на столе?
— Это **моя** сумка.   — На столе стоит **моя** сумка.

— **Чьё** это пальто? — **Чьё** пальто висит в шкафу?
— Это **моё** пальто.   — В шкафу висит **моё** пальто.

— **Чьи** это газеты и журналы?   — **Чьи** газеты и журналы лежат на столе?
— Это **мои** газеты и журналы.   — На столе лежат **мои** газеты и журналы.

Родительный падеж
Genitive Case

30. Окончания существительных в родительном падеже *(единственное число)*
Endings of nouns in the genitive case (singular)

Gender		
Masculine	**Neuter**	**Feminine**
стол ⟶ стола студент ⟶ студента словарь ⟶ словаря преподаватель ⟶ преподавателя музей ⟶ музея Николай ⟶ Николая	окно ⟶ окна море ⟶ моря здание ⟶ здания	комната ⟶ комнаты сестра ⟶ сёстры деревня ⟶ деревни Таня ⟶ Тани тетрадь ⟶ тетради аудитория ⟶ аудитории
cons. -о ⟶ -а -е -й -е ⟶ -я -ь *(m.)*		-а ⟶ -ы -я ⟶ -и -ь *(f.)*

> Nouns in the genitive case answer the questions
> ***кого? чего?***
> *whom? what?*

Note

1. The words **мать** and **дочь** in the genenive case get the suffix -ер: мат**ЕР**и, доч**ЕР**и.
2. The words **имя** and **время** get the suffix -ен: им**ЕН**и, врем**ЕН**и.

Examples

— Кого нет в классе? — В классе нет Виктор**а** и Лен**ы**.
Это письмо от матер**и**.

31. Окончания существительных в родительном падеже (множественное число)
Endings of nouns in the genitive case (plural)

Gender		
Masculine	**Feminine**	**Neuter**
стол → стол**ов** студент → студент**ов** карандаш → карандаш**ей** словарь → словар**ей** преподаватель → преподавател**ей** музей → музе**ев**	комната → комнат подруга → подруг деревня → деревень тетрадь → тетрад**ей** мать → матер**ей** аудитория → аудиторий	окно → окон море → пол**ей** задание → заданий
cons. (*except* ж, ш, ч, щ) → **-ов** *cons.* ж, ш, ч, щ → **-ей** **-ь** **-й** → **-ев**	**-а** → ∅ **-я** → **-ь** **-ь** → **-ей** **-ия** → **-ий**	**-о** → ∅ **-е** → **-ей** **-ие** → **-ий**

Remember

- Стулья → стульев; братья → братьев; листья →листьев; деревья → деревьев. *But:* друзья → друзей.
- Люди → людей; дети → детей.
- Англичане → англичан; парижане → парижан.
- Иностранцы → иностранц**ев** *(the inflexion is unstressed)*; отцы → отц**ов** *(the inflexion is stressed)*.
- Студентки → студенток; девушки → девушек; сумки → сумок; ручки → ручек.
- Окна → окон; письма → писем; облака → облаков.
- Place of the stress could be changed: сёстры → сестёр.
- Матери → матерей; дочери → дочерей.

Examples

— **Чьи** это фотографии? — Это фотографии студентов-**иностранцев**.

— Сколько **аудиторий** на этом этаже? — На этом этаже пять **аудиторий**.

32. Окончания прилагательных и порядковых числительных в родительном падеже
Endings of adjectives and ordinal numerals in the genitive case

Adjectives and ordinal numerals in the genetive case answer the questions *какого? какой? каких? which?*

Number		
Singular		**Plural**
Masculine / Neuter	**Feminine**	

Masculine / Neuter	Feminine	Plural
новый / новое → нового	новая → новой	новые → новых
первый / первое → первого	первая → первой	первые → первых
большой / большое → большого	большая → большой	большие → больших
маленьКий / маленьКое → маленьКого	маленькая → маленькой	маленькие → маленьких
хороший / хорошее → хорошего	хороШая → хорошей	хорошие → хороших
синий / синее → синего	синяя → синей	синие → синих

Masculine / Neuter	Feminine	Plural
-ый -ой -ий *(after* г, к, х) -ое } → -ого	-ая → -ой	
	-яя -ая *(after* ж, ш, ч, щ, if the ending is unstressed)* } → -ей	-ые → -ых -ие → -их
-ий *(after other cons.)* -ее } → -его		

Note

1. Ordinal numerals **четвёртый, пятый, девятый, десятый, одиннадцатый**, etc. follow the model **первый**.
2. Nnumerals **шестой, седьмой, восьмой** follow the model **второй**.
3. Ordinal numeral **третий** decline differently: **третьего** (*m., n.*), **третьей** (*f.*), **третьих** (*pl.*).

Examples

Вот фотография моего **старого** друга. Это тетрадь **нового** студента. Это письмо от **старшего** брата.
— **Каких** студентов нет на уроке? — На уроке нет **новых** студентов.
— **У кого** вы остановились в Киеве? — У **старых** друзей, они живут в центре.

33. Окончания личных местоимений в родительном падеже
Endings of personal pronouns in the genitive case

Nominative	Genitive	
	Without preposition	**With preposition**
я	меня	меня
ты	тебя	тебя
он, оно	его	него
она	её	у неё
мы	нас	нас
вы	вас	вас
они	их	них

📖 **Examples**

— **Кого** вчера не было на лекции?

— Вчера **их** не было на лекции.

— **У кого** есть ручка? — У **меня** есть ручка.

Вчера мы были у **него** дома.

34. Окончания притяжательных местоимений, указательных местоимений *этот, тот* и числительного *один*
Endings of possessive pronouns, demonstrative pronouns этот, тот *and the numeral* один

Posessive pronouns, demonstrative pronouns and the numeral *один* in the genetive case answer the questions *чьего? чьей? чьих? whose? какого? какой? каких? which?*	Number					
	Singular				Plural	
	Masculine / Neuter		Feminine			
	моего твоего нашего вашего своего	-его	моей твоей нашей вашей своей	-ей	моих твоих наших ваших своих	-их
	его, её, их					
	этого того	-ого	этой той	-ой	этих тех	-их -ех
	одного		одной		одних	-их

📖 **Examples**

На столе лежит письмо от **моей** бабушки.

У **этого** студента много друзей.

Виктор купил букет для **своей** подруги.

Я узнал эти новости от **одного** знакомого.

— **Каких** студентов не было вчера на уроке?

— На уроке не было **этих** новых студентов.

— **Чьих** друзей вы ждёте? — Я жду **его** друзей.

— **У кого** вы были в гостях? — У **одних** моих старых друзей.

35. Употребление родительного падежа
Usage of the genitive case

Usage	Question	Example
Object of belonging	**чей? чья? чьё? чьи?** *whose?*	На столе лежит тетрадь **сестры**. Он взял словарь **друга**.
Object of relation	**какой?какая? какое? какие?** *what?*	На стене висит карта **мира**. Этот город находится на севере **России**.

After numerals:
  a) after the numerals 2,3,4
  b) after the numerals 5—20, 25—30, 35—40
	чего?
	 what?
		В нашей комнате **два стола**, **три стула** и **четыре кровати**.
		 На столе лежат **пять книг** и двенадцать **журналов**.

After the words: **сколько, столько, много, мало, несколько**	**кого? чего?** *whom? what?*	Сколько **голов** — столько **умов**. В зале **много людей**. У меня есть **несколько карандашей**.
With the words **нет, не было, не будет**	**кого? чего?** *whom? what?*	У меня **нет книги**. Вчера не было **урока**. Завтра **не будет дождя**.
In the construction *у кого* **есть** / **нет**		**У брата есть** словарь. **У меня нет** этой книги.
The starting point of a movement or the person from whom the action proceeds	**откуда? от кого?** *from where? from whom?*	Я приехал **из Киева**. Он вернулся **с работы**. Студент получил письмо **от брата**.
With the verbs **жить, быть**	**у кого?** *at whom?*	Я был **у врача**. Летом он жил **у брата**.
The adverbial modifier of place	**где?** *where?*	Я сижу **у окна**. Мы встретились около/ возле **музея**. Парк находится далеко / недалеко **от центра**. Мы идём мимо **парка**. Он гулял вдоль **реки**. Туристы стоят посреди **площади**.

Usage	Question	Example
The place of destination	**куда?** *to where?*	Автобус идёт **до центра**. Мы проехали от Москвы **до Киева**.
An uncoordinated attribute	**какой? какая? какое? какие?** *which?*	К нам подошёл человек **высокого роста**.
Absence of something or somebody	**без кого? без чего?** *without whom? without what?*	Я был на концерте **без подруги**. У вас есть вода **без газа?**
The adverbial modifier of manner	**как?** *how?*	Я прочитал этот роман **без интереса**.
The addressee of the action	**для кого?** *for whom?*	Он купил эту книгу **для сестры**.
The adverbial modifier of time: a) with the preposition до, после, около;	**когда?** *when?*	Мы встретились до / **после уроков**. Он пришёл **около двух**.
b) with the prepositions до, около, в течение;	**как долго?** *how long?*	Мы работали до **самого вечера**. Он гулял **около двух часов**. Студент готовился к экзамену **в течение трёх дней**.
c) indicating the exact date;	**какого числа?** *on what date?*	Это было **первого января**.
d) in the construction: **с какого времени**	**с какого времени?** *since when?*	Он мечтал об этом **с детства**.
After comparative degree	**кого? чего?** *whom? what?*	Мой брат **старше меня** на три года. Эта машина лучше **машины** Виктора.
The reason of something	**из-за кого? из-за чего?** *because of whom? because of what?*	**Из-за тебя** я опоздал на урок. Мы не пошли в парк **из-за плохой погоды**.

 **Note**

1. After **2,3,4** the genitive singular is used, also after all numerals which ends with **2,3,4** (22,33,44 i.e.) except 12,13, 14.
2. After **other numerals** the genitive plural is used.

36. Окончания различных частей речи в родительном падеже (сводная таблица)
Endings of different parts of speech in the genetive case (summary table)

Parts of speech	Gender		
	Masculine	**Feminine**	**Neuter**
Nouns	стол/Ы – столА/ОВ словарЬ/И – словарЯ/ЕЙ музеЙ/И – музеЯ/ЕВ генИЙ/ИИ – генИЯ/ЕВ	комнатА/Ы – комнатЫ/∅ кухнЯ/И – кухнИ/Ь тетрадЬ/И – тетрадИ/ЕЙ станцИЯ/ИИ – станцИИ/ИЙ	окнО/А – окнА/∅ морЕ/Я – морЯ/ЕЙ зданИЕ/ИЯ – зданИЯ/ИЙ
Relative pronouns *какой?который?*	какОЙ/ИЕ – какОГО/ИХ которЫЙ/ЫЕ – которОГО/ЫХ	какАЯ/ИЕ –какОЙ/ИХ которАЯ/ЫЕ – которОЙ/ЫХ	какОЕ/ИЕ –какОГО/ИХ которОЕ/ЫЕ – которОГО/ЫХ
Adjectives	новЫЙ/ЫЕ – новОГО/ЫХ большОЙ/ИЕ – большОГО/ИХ маленькИЙ/ИЕ – маленькОГО/ИХ хорошИЙ/ИЕ – хорошЕГО/ИХ синИЙ/ИЕ – синЕГО/ИХ	новАЯ/ЫЕ – новОЙ/ЫХ большАЯ/ИЕ – большОЙ/ ИХ маленькАЯ/ИЕ – маленькОЙ/ИХ хорошАЯ/ИЕ – хорошЕЙ/ИХ синЯЯ/ИЕ – синЕЙ/ИХ	новОЕ/ЫЕ – новОГО/ЫХ большОЕ/ИЕ – большОГО/ИХ маленькОЕ/ИЕ – маленькОГО/ИХ хорошЕЙ/ИЕ – хорошЕГО/ИХ синЕЕ/ИЕ – синЕГО/ИХ
Demonstrative pronouns	этОТ/этИ – этОГО/этИХ тОТ/тЕ – тОГО/тЕХ	этА/этИ – этОЙ/этИХ тА/тЕ – тОЙ/тЕХ	этО/этИ – этОГО/этИХ тО/тЕ – тОГО/тЕХ
Interrogative pronoun *чей?*	чЕЙ – чьЕГО чьИ – чьИХ	чЬЯ –чьЕЙ чьИ –чьИХ	чЬЁ – чьЕГО чЬИ – чьИХ
Possessive pronouns	моЙ/И – моЕГО/ИХ твоЙ/И – твоЕГО/ИХ наш/И – нашЕГО/ИХ	моЯ/И – моЕЙ/ИХ твоЯ/И – твоЕЙ/ИХ нашА/И – нашЕЙ/ИХ	моЁ/И – моЕГО/ИХ твоЁ/И – твоЕГО/ИХ нашЕ/И – нашЕГО/ИХ
Numeral *один*	один/однИ – однОГО/ИХ	однА/однИ – однОЙ/ИХ	однО/однИ – однОГО/ИХ
Ordinal numerals	первЫЙ/ЫЕ – первОГО/ЫХ вторОЙ/ЫЕ – вторОГО/ЫХ третИЙ/ЬИ – третьЕГО/ИХ	первАЯ/ЫЕ – первОЙ/ЫХ вторАЯ/ЫЕ – вторОЙ/ЫХ третЬЯ/ЬИ – третьЕЙ/ИХ	первОЕ/ЫЕ – первОГО/ЫХ вторОЕ/ЫЕ – вторОГО/ЫХ третЬЕ/ЬИ – третьЕГО/ИХ

Дательный падеж
Dative case

37. Окончания существительных в дательном падеже (единственное число)
Endings of nouns in the dative case (singular)

Gender		
Masculine	**Feminine**	**Neuter**
стол → столу студент → студенту словарь → словарю преподаватель → преподавателю музей → музею Николай → Николаю	комната → комнате сестра → сестре деревня → деревне Таня → Тане тетрадь → тетради мать → матери аудитория → аудитории	окно → окну море → морю здание → зданию
cons. → -у -ь ⎤ -й ⎦ → -ю	-а ⎤ -я ⎦ → -е -ь ⎤ → -и -ия ⎦ → -ии	о → -у е → -ю

 **Examples**

— **Кому** вы купили подарки? — Я купил подарки **брату** и **сестре**.
— **К кому** вы поедете летом? — Летом мы поедем **к бабушке** и **дедушке**.

38. Окончания существительных в дательном падеже (*множественное число*)
Endings of nouns in the dative case (plural)

Gender		
Masculine	**Feminine**	**Neuter**
столы ⟶ столам словари ⟶ словарям музеи ⟶ музеям	комнаты ⟶ комнатам деревни ⟶ деревням тетради ⟶ тетрадям аудитории ⟶ аудиториям	окна ⟶ окнам моря ⟶ морям здания ⟶ зданиям
-ы ⟶ -ам -и ⟶ -ям		-а ⟶ -ам -я ⟶ -ям

 Remember

1. Сыновья → сыновьям; стулья → стульям;
   братья → братьям; листья → листьям;
   друзья → друзьям; деревья → деревьям.
2. Матери → матерям; дочери → дочерям.

📖 **Examples**

Я позвонил **друзьям**.
Андрей купил подарки **братьям** и **сёстрам**.
Туристы гуляют по **улицам** и **площадям** Москвы.

39. Личные местоимения в дательном падеже
Personal pronouns in the dative case

Nominative	Dative	
	Without preposition	**With preposition**
я	мне	КО мне
ты	тебе	тебе
он, оно	ему	нему
она	ей	ней
мы	нам	К нам
вы	вам	вам
они	им	ним

Personal pronouns in the dative case answer the question *кому? к кому? to whom?*

 **Note**

If the 3rd person (**он, она, оно, они**) is preceded by a preposition we should add to the pronoun the letter **н**.

📖 **Examples**

Он подошёл ко мне. Ему очень нравится Москва. Он позвонил мне вчера вечером.

Adjectives and ordinal numbers in the dative case answer the questions **какому? какой? каким?** *to which?*

40. Окончания прилагательных и порядковых числительных в дательном падеже
Endings of adjectives and ordinal numerals in the dative case (plural)

Number		
Singular		**Plural**
Masculine / Neuter	**Feminine**	
нов**ый** / нов**ое** → нов**ому**	нов**ая** → нов**ой**	нов**ые** → нов**ым**
перв**ый** / перв**ое** → перв**ому**	перв**ая** → перв**ой**	перв**ые** → перв**ым**
втор**ой** / втор**ое** → втор**ому**	втор**ая** → втор**ой**	втор**ые** → втор**ым**
больш**ой** / больш**ое** → больш**ому**	больш**ая** → больш**ой**	больш**ие** → больш**им**
малень**Кий** / малень**Кое** → малень**Кому**	маленьк**ая** → маленьк**ой**	маленьк**ие** → маленьк**им**
хорош**ий** / хорош**ее** → хорош**ему**	хоро́**Шая** → хоро́**Шей**	хорош**ие** → хорош**им**
син**ий** / син**ее** → син**ему**	син**яя** → син**ей**	син**ие** → син**им**
-ый / -ое -ой / -ое -ий / -ое (*after* г, к, х) → -ому -ий / -ие (*after other cons.*) → -ему	-ая → -ой -ая (*after* ж, ш, ч, щ *if the ending is unstressed*) → -ей -яя	-ые → -ым -ие → -им

 Note
1. Ordinal numerals **четвёртый, пятый, девятый, десятый, одиннадцатый**, etc. follow the model **первый**.
2. Numerals **шестой, седьмой, восьмой** follow the model **второй**.
3. The numeral **третий** is an exception: **третьему** (*m., n.*), **третьей** (*f.*), **третьим** (*pl.*).

Examples
Я позвонил **старому** другу. Давай пойдём в гости к **новому** соседу. Мы пришли в гости к **старым** друзьям. Он купил подарки **младшим** братьям и сёстрам. **Иностранным** туристам нравится Красная площадь.

41. Окончания притяжательных местоимений, указательных местоимений и числительного *один* в дательном падеже

Endings of possessive pronouns, demonstrative pronouns and the numeral один *in the dative case* (plural)

Number					
Singular				**Plural**	
Masculine and neuter		**Feminine**			
моему твоему нашему вашему своему	-ему	моей твоей нашей вашей своей	-ей	моим твоим нашим вашим своим	-им
его, её, их					
этому тому	-ому	этой той	-ой	этим тем	-им -ем
одному		одной		одним	-им

> Posessive pronouns in the dative case answer the questions *чьему? чьей? чьим? to whose?*
>
> Demonstrative pronouns and the numeral *один* in the dative case answer the questions *какому? какой? каким? which?*

 **Examples**

Мы подошли к **этому** высокому зданию. Я люблю гулять по **нашему** старому парку.
Ольга написала письмо **своей** школьной подруге. Мы пришли в гости к **нашим** старым друзьям.
Он купил подарки **своим** братьям и сёстрам. **Его** родителям нравится этот фильм.

42. Употребление дательного падежа
Usage of the dative case

Usage	Question	Example
To indicate the addressee of the action	**кому?** *to whom?*	Я написал **брату**.
In the following impersonal constructions: а) with the words **нужно, надо, можно, нельзя** б) with the words **холодно, интересно, плохо**, etc. в) with the verbs: **приходиться, удаваться, казаться, везти**	**кому?** *to whom?*	Мне **нужно** работать. **Отцу нельзя** курить. **Больному** уже можно вставать. **Ему** холодно. **Мне интересно** читать эту книгу. **Студенту приходится** много работать. **Брату удалось** купить билет на этот спектакль. **Мне кажется**, что будет дождь.
In the construction: **кому сколько лет** (How old is he/she/it?)	**кому?** *to whom?*	**Ей** 19 лет. **Брату** 22 года.
In impersonal and personal construction with the verb: **нравиться/ понравиться**	**кому?** *to whom?*	**Мне нравится** читать. **Мне понравилась** книга.
The adverbial modifier of place (on surface)	**где? по чему?** *where? on what?*	Мы гуляли **по городу**. Машина едет **по улице**.
To indicate place of destination or person of destination	**к кому? куда?** *to whom? to where?*	Я иду **к врачу**. Студент подошёл **к доске**.
To indicate	**какой? какая? какое? какие?** *which?*	Сегодня будет лекция **по физике**.
The adverbial modifier of time	**к какому сроку?** *by what time?* **как часто?** *how often?*	Этот текст надо прочитать **к пятнице**. Я хожу в бассейн **по субботам**.
To denote the means of communication	**по чему?** *on what? by what?*	**По телевизору** передавали последние известия. Он сказал мне об этом **по телефону**.

43. Окончания различных частей речи в дательном падеже (сводная таблица)
Endings of different parts of speech in the dative case (summary table)

Parts of speech	Gender		
	Masculine	**Feminine**	**Neuter**
Nouns	стол/Ы–столУ/АМ словарЬ/И – словарЮ/ЯМ музеЙ/И –музеЮ/ЯМ генИЙ/ИИ –генИЮ/ЯМ	комнатА/Ы – комнатЕ/АМ кухнЯ/И – кухнЕ/ЯМ тетрадЬ/И – тетрадИ/ЯМ станцИЯ/ИИ – станцИИ/ЯМ	окнО/А – окнУ/АМ морЕ/Я – морЮ/ЯМ зданИЕ/ИЯ – зданИЮ/ЯМ
Relative pronouns *какой? который?*	какОЙ/ИЕ –какОМУ/ИМ которЫЙ/ЫЕ – которОМУ/ЫМ	какАЯ/ИЕ – какОЙ/ИМ которАЯ/ЫЕ – которОЙ/ЫМ	какОЕ/ИЕ – какОМУ/ИМ которОЕ/ЫЕ – которОМУ/ЫМ
Adjectives	новЫЙ/ЫЕ – новОМУ/ЫМ большОЙ/ИЕ – большОМУ/ИМ маленькИЙ/ИЕ– маленькОМУ/ИМ хорошИЙ/ИЕ – хорошЕМУ/ИМ синИЙ/ИЕ – синЕМУ/ИМ	новАЯ/ЫЕ – новОЙ/ЫМ большАЯ/ИЕ – большОЙ/ИМ маленькАЯ/ИЕ – маленькОЙ/ИМ хорошАЯ/ИЕ – хорошЕЙ/ИМ синЯЯ/ИЕ – синЕЙ/ИМ	новОЕ/ЫЕ – новОМУ/ЫМ большОЕ/ИЕ – большОМУ/ИМ маленькОЕ/ИЕ – маленькОМУ/ИМ хорошЕЙ/ИЕ – хорошЕМУ/ИМ синЕЕ/ИЕ – синЕМУ/ИМ
Demonstrative pronouns	этОТ/этИ – этОМУ/этИМ тОТ/тЕ –тОМУ/тЕМ	этА/этИ – этОЙ/этИМ тА/тЕ – тОЙ/тЕМ	этО/этИ – этОМУ/этИМ тО/тЕ –тОМУ/тЕМ
Interrogative pronoun *чей?*	чЕЙ – чьЁМУ чьИ – чьИМ	чьЯ –чьЕЙ чьИ – чьИМ	чьЁ – чьЕМУ чьИ – чьИМ
Possessive pronouns	мОЙ/И – моЕМУ/ИМ твОЙ/И – твоЕМУ/ИМ наш/И – нашЕМУ/ИМ	мОЯ/И – моЕЙ/ИМ твОЯ/И – твоЕЙ/ИМ нашА/И – нашЕЙ/ИМ	мОЁ/И – моЕМУ/ИМ твОЁ/И – твоЕМУ/ИМ нашЕ/И – нашЕМУ/ИМ
Numeral *один*	один/однИ – однОМУ/ИМ	однА/однИ – однОЙ/ИМ	однО/однИ – однОМУ/ИМ
Ordinal numerals	первЫЙ/ЫЕ – первОМУ/ЫМ вторОЙ/ЫЕ – вторОМУ/ЫМ третИЙ/ЬИ – третьЕМУ/ИМ	первАЯ/ЫЕ – первОЙ/ЫМ вторАЯ/ЫЕ – вторОЙ/ЫМ третЬЯ/ЬИ – третьЕЙ/ИМ	первОЕ/ЫЕ – первОМУ/ЫМ вторОЕ/ЫЕ – вторОМУ/ЫМ третЬЕ/ЬИ – третьЕМУ/ИМ

Винительный падеж
Accussative case

> Nouns in the accusative case answer the questions
> *кого? что?*
> *whom? what?*

44. Окончания существительных в винительном падеже (единственное число)
Endings of nouns in the accusative case (singular)

Masculine		Feminine	Neuter
Inanimate	**Animate**		
стол ⟶ стол словарь ⟶ словарь музей ⟶ музей санаторий ⟶ санаторий	друг ⟶ друга учитель ⟶ учителя Андрей ⟶ Андрея гений ⟶ гения	комната ⟶ комнату деревня ⟶ деревню тетрадь ⟶ тетрадь аудитория ⟶ аудиторию Анна ⟶ Анну	окно ⟶ окно поле ⟶ поле здание ⟶ здание
accussative = nominative	*accussative = genetive* *cons.* ⟶ -а -ь ⎤ -й ⎦ ⟶ -я	-а ⟶ -у -я ⟶ -ю -ь ⟶ *not changed* -ия ⟶ -ию	*accussative = nominative*

 **Examples**

— **Что** вы купили? — Я купил журнал и книгу о Москве.
— **Кого** вы ждёте? — Я жду **Виктора, Николая, Лиду** и **Таню.**

45. Окончания существительных в винительном падеже (*множественное число*)
Endings of nouns in the accusative case (plural)

	Gender		
	Masculine	**Feminine**	**Neuter**
Inanimate (like nominative plural)	стол → столы карандаш → карандаши словарь → словари музей → музеи	комната → комнаты деревня → деревни тетрадь → тетради аудитория → аудитории	окно → окна море → моря задание → задания
	cons. → -ы cons. ж, ч, ш, щ, г, к, х → -и -ь -й → -и	-а → -ы -а (*if stem ends in* ж, ч, ш, щ, г, к, х) → -и -я -ь -ия → -ии	-о → -а -е → -я -ие → -ия
Animate (like genitive plural)	студент → студентов врач → врачей преподаватель → преподавателей Андрей → Андреев	подруга → подруг Таня → Тань мать → матерей Лидия → Лидий	
	cons. → -ов cons. (*after* ж, ч, ш, щ) → -ей -ь -й → -ев	-а → -Ø -я → -ь -ь → -ей -ия → -ий	

Remember

- Братья → братьев; друзья → друзей.
- Люди → людей; дети → детей; соседи → соседей.
- Англичане → англичан; парижане → парижан.
- Иностранцы → иностра́нцев.
- Отцы → отцо́в; сёстры → сестёр.
- Студентки → студенток; девушки → девушек.
- Матери → матерей; дочери → дочерей.

The vowel o appears if suffix к follows hard consonant and the vowel e appears if suffix к ffollows soft consonant or ж, ш, ч, щ.

Examples

Я люблю фильмы о природе. Я хорошо знаю студентов из Бангладеш. Вчера я получил письма из дома. Она часто приглашает в гости подруг.

46. Окончания прилагательных и порядковых числительных в винительном падеже (*единственное число*)
Endings of adjectives and ordinal numerals in the accussative case (*singular*)

Gender		
Masculine / Neuter		**Feminine**
Inanimate	**Animate**	
новый / новое → новый / новое первый / первое → первый / первое большой / большое → большой / большое маленький / маленькое → маленький / маленькое хороший / хорошее → хороший / хорошее синий / синее → синий / синее	· новый / новое → нового первый / первое → первого большой / большое → большого маленький / маленькое → маленького хороший / хорошее → хорошего синий / синее → синего	новая → новую первая → первую большая → большую маленькая → маленькую хорошая → хорошую синяя → синюю
accussative = nominative	accussative = genitive -ый -ой -ий (*after* г, к, х) ⎤ → -ого -ий (*after other consonant*) → -его	-ая → -ую -яя → -юю

Note

1. Ordinal numerals **четвёртый, пятый, девятый, десятый, одиннадцатый**, etc. follow the model **первый**.
2. numerals **шестой, седьмой, восьмой** follow the model **второй**.
3. Ordinal numeral **третий** is an exception: **третьего** (*m., n.*), **третью** (*f.*), **третье**.

Examples

— **Какой** журнал вы купили? — Я купил **английский** журнал.
— **Какую** книгу вы читаете? — Я читаю **интересную** книгу о России.
— **Какого** студента вы ждёте? — Я жду **знакомого** студента.

47. Окончания прилагательных и порядковых числительных в винительном падеже (множественное число)
Endings of adjectives and ordinal numerals in the accusative case (plural)

Cases		
Nominative	**Accusative**	
	Inanimate	**Animate**
новые	новые	новых
первые	первые	первых
большие	большие	больших
маленькие	маленькие	маленьких
хорошие	хорошие	хороших
	(*like nominative*)	(*like genitive*)
	-ые ⟶ -ых	
	-ие ⟶ -их	

 Examples

Я беру **новые** тетради. В университете мы встретили **новых** студентов.

48. Личные местоимения в винительном падеже
Personal pronouns in the accusative case

Cases		
Nominative	**Accusative**	
	Without preposition	**With preposition**
я	меня	меня
ты	тебя	тебя
он, оно	его	него
она	её	НА неё
мы	нас	нас
вы	вас	вас
они	их	них

Personal pronouns in the accusative case answer the question *кого? на кого? whom? at whom?*

✍ **Note**

If the 3rd person (**он, она, оно, они**) is preceded by a preposition we should add to the pronoun the letter **н**.

📖 **Examples**

— Кого вы ждёте? — Я жду **её**.
— На кого он смотрит? — Он смотрит на **неё**.

49. Притяжательные местоимения, указательные местоимения
ЭТОТ, ТОТ **и числительное** *ОДИН* **в винительном падеже**
Possessive pronouns, demonstrative pronouns ЭТОТ, ТОТ
and the numeral ОДИН *in the accusative case*

> Posessive pronouns in the accussative case answer the questions **чей? чьего? чью? чьё? чьи? чьих?** *whose?*

> Demonstrative pronouns and the numeral *один* in the accussative case answer the questions **какой? какого? какую? какое? какие? каких?** *which?*

Number						
Singular				**Plural**		
Masculine inanimate and Neuter	**Masculine animate**		**Feminine**		**Inanimate**	**Animate**
мой, моё твой, твоё свой, своё наш, наше ваш, ваше (*like nominative*)	мо**его** тво**его** сво**его** наш**его** ваш**его** (*like genitive*)	**-его**	мо**ю** тво**ю** сво**ю** наш**у** ваш**у**	**-ю**	мо**и** тво**и** сво**и** наш**и** ваш**и** (*like nominative*)	мо**их** тво**их** сво**их** наш**их** ваш**их** (*like genitive*)	**-их**
его, её, их						
этот, это тот, то (*like nominative*)	эт**ого** т**ого** (*like genitive*)	**-ого**	эт**у** т**у**	**-у**	эт**и** т**е** (*like nominative*)	эт**их** т**ех** (*like genitive*)	**-их** **-ех**
один, одно (*like nominative*)	одн**ого** (*like genitive*)		одн**у**		одн**и** (*like nominative*)	одн**их** (*like genitive*)	**-их**

📖 **Examples**

Я давно не видел **моего** друга. Лена ждёт около метро **свою** подругу.
Вы знаете **его** брата? Я беру **свои** вещи. Мы ждём **наших** друзей студентов.
Я сдал в библиотеку **её** книги.

50. Употребление винительного падежа
Usage of the accusative case

Usage	Question	Example
After transitive verbs	**кого? что?** *whom? what?*	Мы встретили **Петра**. Я читаю **книгу**.
To indicate destination after verbs of motion	**куда?** *to where?*	Мы приехали **в Москву**. Он идёт **на почту**.
To indicate place after verbs of dynamics and after the verb **смотреть**	**куда? на что? на кого?** *to where? at what? at whom?*	Девочка посадила куклу **на диван**. Он поставил туфли **под стол**. Мы сели **за стол**. Студент смотрит **на доску**. Я посмотрел **на преподавателя**.
The adverbial modifier of time: a) with the days of the week b) with the words: этот (тот, следующий, другой) день (год, вечер, месяц); это (то, следующее) утро (лето); эту (ту, следующую) зиму (осень); c) with the preposition **через** d) to indicate the recurrence and duration of actions (with the words: **каждый, весь, целый**) e) in the construction **на какое время, за какое время** (in the construction **за какое время** perfective verbs are used)	**когда?** *when?* **через какое время?** *in what time?* **как часто?** *how often?* **как долго?** *how long?* **на какое время?** *for what time?* **за какое время?** *during what time? within what time?*	Он приедет **в субботу**. На **следующий день** они встретились. В эту **зиму** мы часто ходили в парк. Мы позвоним вам **через неделю**. **Каждый день** я смотрю телевизор. Вчера я **целый день** работал. Я взял книгу **на пять дней**, а прочитал её **за три дня**.

51. Окончания различных частей речи в винительном падеже (сводная таблица)
Endings of different parts of speech in the accusative case (summary table)

Parts of speech		Masciline	Feminine	Neuter
Nouns	**Inanimate**	стол/Ы–стол/Ы словарЬ/И – словарЬ/И музеЙ/И – МузеЙ/И санаторИЙ/ИИ – санаторИЙ/ИИ	КомнатА/Ы – комнатУ/Ы КухнЯ/И – кухнЮ/И ТетрадЬ/И – тетрадЬ/Й СтанцИЯ/ИИ – станцИЮ/ИИ	окнО/А – окнО/А морЕ/Я – морЕ/Я зданИЕ/ИЯ – зданИЕ/ИЯ
	Animate	студент/Ы – студентА/ОВ учителЬ/Я – учителЯ/ЕЙ АндреЙ/И – АндреЯ/ЕВ генИЙ/ИИ –генИЯ/ЕВ	СтуденткА/И – студенткУ/∅ ТанЯ/И – ТанЮ/Ь МатЬ/ЕРИ – матЬ/ЕРЕЙ ЛидИЯ/ИИ – ЛидИЮ/ИЙ	—
Relative pronouns какой? который?	**Inanimate**	какОЙ/ИЕ – какОЙ/ИЕ которЫЙ/ЫЕ – которЫЙ/ЫЕ	какАЯ/ИЕ – какУЮ/ИЕ которАЯ/ЫЕ – которУЮ/ЫЕ	какОЕ/ИЕ – какОЕ/ИЕ которОЕ/ЫЕ – которОЕ/ЫЕ
	Animate	какОЙ/ИЕ –какОГО/ИХ которЫЙ/ЫЕ – которОГО/ЫХ	какАЯ/ИЕ –какУЮ/ИХ которАЯ/ЫЕ – которУЮ/ЫХ	
Adjectives	**Inanimate**	новЫЙ/ЫЕ – новЫЙ/ЫЕ большОЙ/ИЕ – большОЙ/ИЕ маленькИЙ/ИЕ – маленькИЙ/ИЕ хорошИЙ/ИЕ – хорошИЙ/ИЕ синИЙ/ИЕ – синИЙ/ИЕ	новАЯ/ЫЕ – новУЮ/ЫЕ большАЯ/ИЕ – большУЮ/ ИЕ маленькАЯ/ИЕ – маленькУЮ/ИЕ хорошАЯ/ИЕ – хорошУЮ/ИЕ синЯЯ/ИЕ – синЮЮ/ИЕ	новОЕ/ЫЕ – новОЕ/ЫЕ большОЕ/ИЕ – большОЕ/ИЕ маленькОЕ/ИЕ – маленькОЕ/ИЕ хорошЕЙ/ИЕ – хорошЕЙ/ИЕ синЕЕ/ИЕ – синЕЕ/ИЕ
	Animate	новЫЙ/ЫЕ – новОГО/ЫХ большОЙ/ИЕ – большОГО/ИХ маленькИЙ/ИЕ – маленькОГО/ИХ хорошИЙ/ИЕ – хорошЕГО/ИХ	новАЯ/ЫЕ – новУЮ/ЫХ большАЯ/ИЕ – большУЮ/ ИХ маленькАЯ/ИЕ – маленькУЮ/ИХ хорошАЯ/ИЕ – хорошУЮ/ИХ	—

Окончание таблицы 51

Parts of speech		Gender		
		Masciline	Feminine	Neuter
Demonstrative pronouns	Inanimate	этОТ/этИ – ЭтОТ/этИ тОТ/тЕ – тОТ/тЕ	этА/этИ – этУ/этИ тА/тЕ – тУ/тЕ	этО/этИ – этО/этИ тО/тЕ –тО/тЕ
	Animate	этОТ/этИ – этОГО/этИХ тОТ/тЕ – тОГО/тЕХ	этА/этИ – этУ/этИХ тА/тЕ – тУ/тЕХ	—
Interrogative pronoun чей	Inanimate	чеЙ/ чьИ – чеЙ/ чьИ	чьЯ /ЧьИ –чьЮ/ ЧьИ	чьЁ/ ЧьИ – ЧьЁ/ ЧьИ
	Animate	чеЙ / чьИ – чьЕГО/ чьИХ	чьЯ /ЧьИ –чьЮ/ ЧьИХ	—
Possessive pronouns	Inanimate	моЙ/И – моЙ/И твоЙ/И – твоЙ/И	моЯ/И – моЮ/И твоЯ/И – твоЮ/И	моЁ/И – моЁ/И твоЁ/И – твоЁ/И
	Animate	моЙ/И – моЕГО/ИХ твоЙ/И – твоЕГО/ИХ нашИ/И – нашЕГО/ИХ вашИ/И – вашЕГО/ИХ	моЮ/ИХ – моЮ/ИХ твоЯ/И – твоЮ/ИХ нашА/И – нашУ/ИХ вашА/И – вашУ/ИХ	—
Numeral один	Inanimate	один/однИ – одИн/однИ	однА/однИ – однУ/И	одноО/однИ – одноО/И
	Animate	один/однИ – одноОГО/ИХ	однА/однИ – однУ/ИХ	—
Ordinal Numerals	Inanimate	первЫЙ/ЫЕ – первЫЙ/ЫЕ вторОЙ/ЫЕ – вторОЙ/ЫЕ третИЙ/ЬИ – третИЙ/ЬИ	первАЯ/ЫЕ – первУЮ/ЫЕ вторАЯ/ЫЕ – вторУЮ/ЫЕ третЬЯ/ЬИ – третЬЮ/ЬИ	первОЕ/ЫЕ – первОЕ/ЫЕ вторОЕ/ЫЕ – вторОЕ/ЫЕ третЬЕ/ЬИ – третЬЕ/ЬИ
	Animate	первЫЙ/ЫЕ – первОГО/ЫХ вторОЙ/ЫЕ – вторОГО/ЫХ третИЙ/ЬИ – третьЕГО/ИХ	первАЯ/ЫЕ – первУЮ/ЫХ вторАЯ/ЫЕ – вторУЮ/ЫХ третЬЯ/ЬИ – третЬЮ/ИХ	—

69

Творительный падеж
Instrumental case

Nouns in the instrumental case answer the questions *кем? чем? whom? by/with whom? what? with what?*

52. Окончания существительных в творительном падеже *(единственное число)*
Endings of nouns in the instrumental case (singular)

Gender		
Masculine	**Feminine**	**Neuter**
стол → столом словарь → словарём музей → музеем	комната → комнатой деревня → деревней тетрадь → тетрадью аудитория → аудиторией	окно → окном море → морем здание → зданием
cons. → -ом -ь / -й → -ем / -ём	-а → -ой -я → -ей -ь → -ью	-о → -ом -е → -ем

Note

If the stem of a noun ends in ж, ш, ч, щ the and the ending is unstressed, the noun takes the ending -ем or -ей, e.g. товáрищ – товáрищем, Мáша – Мáшей, шкóльница – шкóльницей. *But* врач – врачóм, плащ – плащóм. If the ending is stressed the noun takes the ending -ом or -ой.

Examples

Я играю в теннис с другом. Я пишу ручкой. Книга написана писателем. Мой друг стал инженером. Наш автобус остановился перед музеем. Рядом с деревней находится большой лес.

53. Окончания существительных в творительном падеже (множественное число)
Endings of nouns in the instrumental case (plural)

Gender		
Masculine	**Feminine**	**Neuter**
столы → столами словари → словарями музеи → музеями	комнаты → комнатами деревни → деревнями тетради → тетрадями аудитории → аудиториями	окна → окнами моря → морями здания → зданиями
-ы -а → -ами		-и -я → -ями

 **Remember**

- Сыновья → сыновьями; стулья → стульями; братья → братьями; листья → листьями; друзья → друзьями.
- Люди → людьми; дети → детьми; соседи → соседями.
- Матери → матерями; дочери → дочерьми.

Examples

В этом году Олег и его друзья стали **студентами**. Перед **окнами** дома растут цветы.

54. Личные местоимения в творительном падеже
Personal pronouns in the instrumental case

Nominative	Instrumental	
	Without preposition	**With preposition**
я	мной	СО мной
ты	тобой	тобой
он, оно	им	ним
она	ей	С ней
мы	нами	нами
вы	вами	вами
они	ими	ними

Personal pronouns in the instrumental case answer the question *кем? с кем? whom? with whom?*

Note

If the 3rd person (**он, она, оно, они**) is preceded by a preposition we should add to the pronoun the letter **н**.

Examples

Я говорил с **ним** по телефону. Я горжусь **тобой**! Профессор **вами** недоволен!

55. Окончания прилагательных и порядковых числительных в творительном падеже
Endings of adjectives and ordinal numerals in the instrumental case

Number		
Singular		**Plural**
Masculine and neuter	**Feminine**	
новый / новое ⟶ новым первый / первое ⟶ первым больШой / большое ⟶ больШим хороший / хорошее ⟶ хорошим маленьКий / маленькое ⟶ маленьКим синий / синее ⟶ синим	новая ⟶ новой первая ⟶ первой больШа́я ⟶ больШо́й хоро́шая ⟶ хорошей маленькая ⟶ маленькой синяя ⟶ синей	новые ⟶ новыми первые ⟶ первыми большие ⟶ большими хорошие ⟶ хорошими маленькие ⟶ маленькими синие ⟶ синими
-ый ⎤ -ой ⎦ ⟶ -ым -ой ⎤ (after ж, ш, к, г, х) -ий ⎦ ⟶ -им	-ая ⟶ -ой -ая (*after* ж, ш, ч, щ *if the ending is unstressed*) -яя (*like prepositional genetive*) ⟶ -ей	-ые ⟶ -ыми -ие ⟶ -ими

 Note

1. Ordinal numerals **четвёртый, пятый, девятый, десятый, одиннадцатый**, etc. follow the model **первый**.
2. numerals **шестой, седьмой, восьмой** follow the model **второй**.
3. Ordinal numeral **третий** is an exception: **третьим** (*m.*, *n.*), **третьей** (*f.*), **третьими** (*pl.*).

Examples

Парк находится рядом с **новой** станцией метро. Вчера я встретился со **школьным** другом. Вчера мы ходили в театр с нашими **старыми** друзьями. Вы знакомы с моими **новыми** соседями?

56. Притяжательные местоимения, указательные местоимения *этот, тот* и числительное *один* в творительном падеже

Possessive pronouns, demonstrative pronouns *этот, тот* and the numeral *один* in the instrumental case

> Posessive pronouns, demonstrative pronouns and the numeral *один* in the instrumental case answer the questions **чьим? чьей? чьими? каким? какой? какими?** *whose? by /with whose? which? by /with which?*

Number					
Singular				**Plural**	
Masculine and Neuter		**Feminine**			
моим		моей		моими	
твоим		твоей		твоими	
нашим	**-им**	нашей	**-ей**	нашими	**-ими**
вашим		вашей		вашими	
своим		своей		своими	
его, её, их					
этим	**-им**	этой		этими	**-ими**
тем	**-ем**	той	**-ой**	теми	**-еми**
одним	**-им**	одной		одними	**-ими**

📖 **Examples**

Я часто встречаюсь со **своим** другом. Я хочу познакомиться с **этим** художником.
Ты знаком с **её** сестрой? Я поговорил с **одним** знакомым, и он обещал помочь
Вчера мы ходили в театр с **нашими** старыми друзьями. Завтра я встречусь с **его** братьями.

57. Употребление творительного падежа
Usage of the instrumental case

Usage	Question	Example
To indicate the instrument of an action	**чем?** *with what?*	Я пишу **ручкой**.
After the verbs **стать, работать, быть** (past, future)	**кем? чем?** *as who? as what?*	Иван работает **инженером**. Я буду **музыкантом**. Этот концерт будет **подарком** для любителей музыки.
After the verbs **являться, называться**	**кем? чем?** *whom? what?*	Эта змея **называется коброй**. Вода **является жидкостью**.
To indicate joint action	**с кем?** *with whom?*	Он танцевал **с подругой**.
To indicate location	**где?** *where?*	Театр находится **рядом с университетом**. Лампа висит **над столом**. Студент опоздал и стоит **за дверью**.
An uncoordinated attribute (to indicate quality)	**какой? какая? какое? какие?** *which? what kind?*	Я люблю кофе **с молоком** и бутерброды **с колбасой**. Хлор — это газ **с резким запахом**.
The adverbial modifier of manner	**как?** *how? what way?*	Я посмотрел этот фильм **с интересом**. Промышленность развивается **быстрыми темпами**.
The adverbial modifier of purpose	**за чем?** *for what?*	Мой брат пошёл в магазин **за хлебом**.
In the passive construction	**кем?** *by whom?*	Анатомия изучается **студентами** на первом курсе.
The adverbial modifier of time	**когда?** *when?*	**Весной** я поехал в Киев. **Между лекциями** я сходил в буфет.
To indicate means of transport	**чем?** *by what?*	Мы прилетели в Москву **самолётом**.
After the verbs: **интересоваться, заниматься, увлекаться**	**чем?** *what?*	Я занимаюсь **спортом**. Мой брат интересуется **политикой**.
After the verbs: **советоваться, консультироваться.**	**с кем?** *with whom?*	Я хочу посоветоваться **с юристом**.

58. Окончания различных частей речи в творительном падеже (сводная таблица)
Endings of different parts of speech in the instrumental case (summary table)

Parts of speech	Gender		
	Masciline	**Feminine**	**Neuter**
Nouns	стол/Ы−столОМ/АМИ словарЬ/И−словарЁМ/ЯМИ музеЙ/И −музеЕМ/ЯМИ генИЙ/ИИ −генИЕМ/ЯМИ	комнатА/Ы – комнатОЙ/АМИ кухнЯ/И – кухнЕЙ/ЯМИ тетрадЬ/И – тетрадЬЮ/ЯМИ станцИЯ/ИИ – станцИЕЙ/ЯМИ	окнО/А−окнОМ/АМИ морЕ/Я−морЕМ/ЯМИ зданИЕ/ИЯ – зданИЕМ/ЯМИ
Relative pronouns	какОЙ/ИЕ −какИМ/ИМИ которЫЙ/ЫЕ – которЫМ/ЫМИ	какАЯ/ИЕ −какОЙ/ИМИ которАЯ/ЫЕ – которОЙ/ЫМИ	какОЕ/ИЕ −какИМ/ИМИ которОЕ/ЫЕ – которЫМ/ЫМИ
Adjectives	новЫЙ/ЫЕ – новЫМ/ЫМИ большОЙ/ИЕ – большИМ/ИМИ маленькИЙ/ИЕ− маленькИМ/ИМИ хорошИЙ/ИЕ – хорошИМ/ИМИ синИЙ/ИЕ – синИМИ	новАЯ/ЫЕ – новОЙ/ЫМИ большАЯ/ИЕ – большОЙ/ИМИ маленькАЯ/ИЕ – маленькОЙ/ИМИ хорошАЯ/ИЕ – хорошЕЙ/ИМИ синЯЯ/ИЕ – синЕЙ/ИМИ	новОЕ/ЫЕ – новЫМ/ЫМИ большОЕ/ИЕ – большИМ/ИМИ маленькОЕ/ИЕ – маленькИМ/ИМИ хорошЕЙ/ИЕ – хорошИМ/ИМИ синЕЕ/ИЕ – синИМ/ИМИ
Demonstrative pronouns	этОТ/этИ−этИМ/этИМИ тОТ/тЕ −тЕМ/тЕМИ	ЭтА/этИ – этОЙ/этИМИ ТА/тЕ – тОЙ/тЕМИ	этО/этИ−этИМ/этИМИ тО/тЕ −тЕМ/тЕМИ
Interrogative pronoun	чЕЙ – чьИМ чЬИ – чьИМИ	ЧЬЯ –чьЕЙ ЧЬИ –чьИМИ	чЬЁ – чьИМ чЬИ – чьИМИ
Possessive pronouns	моЙ/И – моИМ/ИМИ твоЙ/И – твоИМ/ИМИ наш/И – нашИМ/ИМИ	моЯ/И – моЕЙ/ИМИ твоЯ/И – твоЕЙ/ИМИ нашА/И – нашЕЙ/ИМИ	моЁ/И – моИМ/ИМИ твоЁ/И – твоИМ/ИМИ нашЕ/И – нашИМ/ИМИ
Numeral один	один/однИ – однИМ/ИМИ	однА/однИ – однОЙ/ИМИ	однО/однИ – однИМ/ИМИ
Ordinal numerals	первЫЙ/ЫЕ – первЫМ/ЫМИ вторОЙ/ЫЕ – вторЫМ/ЫМИ третИЙ/ЬИ – третьИМ/ИМИ	первАЯ/ЫЕ – первОЙ/ЫМ вторАЯ/ЫЕ – вторОЙ/ЫМ третЬЯ/ЬИ – третьЕЙ/ИМ	первОЕ/ЫЕ – первЫМ/ЫМИ вторОЕ/ЫЕ – вторЫМ/ЫМИ третЬЕ/ЬИ – третьИМ/ИМИ

> Nouns in the prepositional case answer the questions **где? в/на ком? в/на чём? о ком? о чём?** *where? in/on/at whom? in/on/at what? about whom? about what?*

59. Окончания существительных в предложном падеже
(единственное число)
Endings of nouns in the prepositional case (singular)

Gender		
Masculine	**Feminine**	**Neuter**
стол → столе словарь → словаре музей → музее санаторий → санатории	комната → комнате деревня → деревне тетрадь → тетради аудитория → аудитории	окно → окне море → море здание → здании
cons. **-ь** *(m.)* **-ей** ⎤ → **-е**	**-а** **-я** ⎤ → **-е**	**-о** **-е** ⎤ → **-е**
-ий → **-ии**	**-ь** *(f.)* → **-и** **-ия** → **-ии**	**-ие** → **-ии**

 **Remember** В/на шкафу́, на мосту́, в саду́, в/на снегу́, на полу́, в/на углу́, в лесу́, на берегу́. The ending **у** is always stressed. After preposition **о**, the same nouns take the ending **-е**, e.g. о саде, о лесе etc.

📖 **Examples** — Где лежит тетрадь? — Тетрадь лежит **на столе**. — Где вы отдыхали? — Мы отдыхали **в деревне**.
— О ком спрашивает преподаватель? — Преподаватель спрашивает **об отце и о матери**. — Мы забыли **о времени**.

60. Окончания существительных в предложном падеже (множественное число)
Endings of nouns in the prepositional case (plural)

Gender		
Masculine	**Feminine**	**Neuter**
стол ⟶ стол**ах** словар**и** ⟶ словар**ях** музе**и** ⟶ музе**ях** санатори**и** ⟶ санатори**ях**	комнат**ы** ⟶ комнат**ах** деревн**и** ⟶ деревн**ях** аудитори**и** ⟶ аудитори**ях** тетрад**и** ⟶ тетрад**ях**	окн**а** ⟶ окн**ах** пол**я** ⟶ пол**ях** здани**я** ⟶ здани**ях**
-ы ⟶ **-ах** **-и** ⟶ **-ях**	**-ы** ⟶ **-ах** **-и** ⟶ **-ях**	**-а** ⟶ **-ах** **-я** ⟶ **-ях**

☞ **Remember**

- Сыновья → о сыновь**ях**; стулья → на стуль**ях**; братья → о брать**ях**; листья → на листь**ях**; друзья → о друзь**ях**; деревья → на деревь**ях**.
- Люди → о люд**ях**; дети → о дет**ях**; соседи → о сосед**ях**.
- Матери → о матер**ях**; дочери → о дочер**ях**.

📖 **Examples**

На стол**ах** лежат книги и тетради. Студенты пишут в тетрад**ях**. Я часто думаю о родител**ях**.

61. Окончания прилагательных и порядковых числительных в предложном падеже
Endings of adjectives and ordinal numerals in the prepositional case

Adjectives and ordinal numerals in the prepositional case answer the questions *в/на/о каком?* *в/на/о какой?* *в/на/о каких?* *about which?*

Number					
Singular				**Plural**	
Masculine / Neuter		**Feminine**			
новый / новое	→ новом	новая	→ новой	новые	→ новых
второй / второе	→ втором	вторая	→ второй	вторые	→ вторых
большой / большое	→ большом	большая	→ большой	большие	→ больших
маленьКий / маленькое	→ маленьКом	маленькая	→ маленькой	маленькие	→ маленьких
хороший / хорошее	→ хорошем	хороШая	→ хороШей	хорошие	→ хороших
синий / синее	→ синем	синяя	→ синей	синие	→ синих
-ый / -ое **-ой / -ое** **-ий / -ое** *(after* г, к, х*)*	→ **-ом**	**-ая**	→ **-ой**		
-ий / -ем *(after other cons.)*	→ **-ем**	**-ая** *(after* щ, ж, ч *and* ш, *if the ending is unstressed)* **-яя**	→ **-ей**	**-ые** → **-ых** **-ие** → **-их**	

 Note

1. Ordinal numerals **четвёртый, пятый, девятый, десятый, одиннадцатый**, etc. follow the model **первый**.
2. Numerals **шестой, седьмой, восьмой** follow the model **второй**.
3. Ordinal numeral **третий** decline differently: **третьем** (*m.*, *n.*), **третьей** (*f.*), **третьих** (*pl.*).

Examples

— **В каком** доме вы живёте? — Мы живём **в** большом красивом доме.
— **На какой** улице вы живёте? — Мы живём **на** тихой зелёной улице.
Мы говорили **о** новых иностранных студентах. Они живут **в** высоких белых домах.

78

62. Окончания личных местоимений в предложном падеже
Endings of personal pronouns in the prepositional case

Nominative	Prepositional	
я	ОБО, ВО, НА	мне
ты		тебе
он, она		нём, ней
мы	О, В, НА	нас
вы		вас
они		них

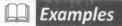 **Examples**

Мы говорили **о** тебе. Расскажи мне **о** нём. Я думал **о** вас. Это мой дом. Я живу **в** нём уже 10 лет. Где моя сумка? **В** ней лежат мои очки.

63. Окончания притяжательных местоимений, указательных местоимений *ЭТОТ, ТОТ* и числительного *ОДИН* в предложном падеже
Endings of possessive pronouns, demonstrative pronouns ЭТОТ, ТОТ *and the numeral* ОДИН

Number				
Singular				Plural
Masculine / Neuter		Feminine		
моём	-ём	моей	-ей	моих
твоём		твоей		твоих
своём	-ем	своей		своих	-их
нашем		нашей		наших
вашем		вашей		ваших
его, её, их				
этом	-ом	этой	-ой	этих	-их
том		той		тех	-ех
одном		одной		одних	-их

Examples

В **нашем** городе много высоких красивых зданий. **В** **своём** письме сестра спрашивает меня о жизни в Москве. Эта история случилась **в** **одном** маленьком городе. Они живут **в** этих высоких домах.

64. Употребление предложного падежа
Usage of the prepositional case

Usage	Question	Example
Adverbial modifier of place	**где?** *where?*	Он живёт **в Москве**. Он был **на почте**.
To indicate the object of thought	**о ком? о чём?** *about whom ?* *about what ?*	Я думаю **об экзамене**. Он вспомнил **о матери**.
To denote the means of transport with the verb **ехать**	**на чём?** *by what?*	Мы поедем на экскурсию **на автобусе**.

Adverbial modifier of time:
 1) with the names of the months;
 2) if only the year is indicated;
 3) with the words:
     этот (тот, будущий, прошлый) месяц,
     эта (та, будущая, прошлая) неделя;
 4) in constructions with the preposition **при**
	когда?
	 when?
		Они приехали в Москву **в августе**.
		 Пушкин родился **в 1799** (тысяча семьсот девяносто девятом) **году**.
		 Это было в этом / том / прошлом **году**.
		 Экзамен был **на прошлой неделе**.
		 Это было ещё **при феодализме**.

Uncoordinated attribute.	**в чём?** *in what?*	В саду я увидел мальчика **в белой рубашке**.

 Note   With the words **год, месяц** the preposition **в** is used; with the word **неделя** the preposition **на** is used.

65. Употребление предлогов места *в* и *на* с предложным падежом
Usage of the prepositions в and на with the prepositional case to denote location

В		На	
In (inside)	**В** — столе / шкафу / комнате / тетради	On (on surface)	**НА** — столе / шкафу / полу
In a building (with roof)	**В** — магазине / театре / школе / банке	An open place (without a roof)	**НА** — улице / площади / остановке / стадионе
With the words штат, город, страна, республика and geographical names of towns, countries, republics and states	**В** — городе (**В** Москве, **В** Нью-Йорке) / стране (**В** Америке, **В** России) / республике (**В** Татарии, **В** Якутии) / штате (**В** Огайо, **ВО** Флориде) *Compare* **На** Гаити (island), **В** Гаити (country)	A gathering of people, shows or events	**НА** — уроке / собрании / конгрессе / экскурсии / концерте / выставке
With the names of mountains (plural)	**В** — Альпах / Пиренеях / Андах *Exception:* **НА** Балканах	With the names of mountains (singular)	**НА** — Кавказе / Урале
		With the word **остров** and names of islands	**НА** — острове (Кубе, Мальте)
		With the names of parts of the world	**НА** — севере / востоке
		With the verb **ехать** and words denoting means of transport	**НА** — автобусе / трамвае / метро

☞ **Remember**

В — лесу / саду / парке / бассейне **НА** — почте / фабрике / заводе / вокзале **НА** — курсе / факультете / этаже

66. Окончания различных частей речи в предложном падеже (сводная таблица)
Endings of different parts of speech in the prepositional case (summary table)

Parts of speech	Gender		
	Masculine	**Feminine**	**Neuter**
Nouns	стол/Ы → столЕ/АХ словарЬ/И → словарЕ/ЯХ музеЙ/И → музеЕ/ЯХ генИЙ/ИИ → генИИ/ЯХ	комнатА/Ы → комнатЕ/АХ кухнЯ/И → кухнЕ/ЯХ тетрадЬ/И → тетрадИ/ЯХ станцИЯ/ИИ → станцИИ/ЯХ	окнО/А → окнЕ/АХ морЕ/Я → морЕ/ЯХ зданИЕ/Ия → зданИИ/ЯХ
Relative pronouns *какой? который?*	какОЙ/ИЕ → какОМ/ИХ которЫЙ/ЫЕ → которОМ/ЫХ	какАЯ/ИЕ → какОЙ/ИХ которАЯ/ЫЕ → которОЙ/ЫХ	какОЕ/ИЕ → какОМ/ИХ которОЕ/ЫЕ → которОМ/ЫХ
Adjectives	новЫЙ/ЫЕ → новОМ/ЫХ большОЙ/ИЕ → большОМ/ИХ маленькИЙ/ИЕ → маленькОМ/ИХ хорошИЙ/ИЕ → хорошЕМ/ИХ синИЙ/ИЕ → синЕМ/ИХ	новАЯ/ЫЕ → новОЙ/ЫХ большАЯ/ИЕ → большОЙ/ИХ маленькАЯ/ИЕ → маленькОЙ/ИХ хорошАЯ/ИЕ → хорошЕЙ/ИХ синЯЯ/ИЕ → синЕЙ/ИХ	новОЕ/ЫЕ → новОМ/ЫХ большОЕ/ИЕ → большОМ/ИХ маленькОЕ/ИЕ → маленькОМ/ИХ хорошЕЕ/ИЕ → хорошЕМ/ИХ синЕЕ/ИЕ → синЕМ/ИХ
Demonstrative pronouns	этот/этИ → этОМ/этИХ тот/тЕ → тОМ/тЕХ	этА/этИ → этОЙ/этИХ тА/тЕ → тОЙ/тЕХ	это/этИ → этОМ/этИХ то/тЕ → тОМ/тЕХ
Interrogative pronoun *чей?*	чей → чьЁМ чьи → чьИХ	чья → чьЕЙ чьи → чьИХ	чьё → чьЁМ чьи → чьИХ
Possessive pronouns	моЙ/И → моЁМ/ИХ твоЙ/И → твоЁМ/ИХ наш/И → нашЕМ/ИХ	моЯ/И → моЕЙ/ИХ твоЯ/И → твоЕЙ/ИХ нашА/И → нашЕЙ/ИХ	моЁ/И → моЁМ/ИХ твоЁ/И → твоЁМ/ИХ нашЕ/И → нашЕМ/ИХ
The numeral *один*	один/однИ → однОМ/ИХ	одна/однИ → однОЙ/ИХ	одно/однИ → однОМ/ИХ
Ordinal numerals	первЫЙ/ЫЕ → первОМ/ЫХ вторОЙ/ЫЕ → вторОМ/ЫХ третИЙ/ЬИ → третьЕМ/ИХ	первАЯ/ЫЕ → первОЙ/ЫХ вторАЯ/Ые → вторОЙ/ЫХ третЬЯ/ЬИ → третьЕЙ/ИХ	первОЕ/ЫЕ → первОМ/ЫХ вторОЕ/ЫЕ → вторОМ/ЫХ третьЕ/ЬИ → третьЕМ/ИХ

67. Возвратное местоимение *себя*
The reflexive pronoun себя

Declination

Nom.	→ –
Gen.	→ СЕБЯ
Dat.	→ СЕБЕ
Acc.	→ СЕБЯ
Instr.	→ СОБОЙ
Prep.	→ О СЕБЕ

S = O
Subject= Object

📖 **Examples**

Я вижу
Ты видишь
Он (она) видит
Мы видим — себя в зеркале.
Вы видите
Они видят

Standard or typical constructions with the reflexive pronoun себя: Он доволен **собой**. Держи **себя** в руках. Вода представляет **собой** жидкость без цвета и запаха. Студент читал текст **про себя**. Спортсмен был уверен **в себе**. Декан был у **себя** в кабинете. Он пригласил меня **к себе** домой. Больной чувствует **себя** хорошо. – Как живёшь? – Так **себе**. Я не мог представить **себе**, что зимой в Москве так холодно.

68. Возвратное местоимение *свой*
The possessive pronoun свой

Я	Я взял **свою** (**мою**) ручку. I took my own my (=my) pen.
ТЫ	Ты взял **свою** (=**твою**) ручку. You took your own (=your) pen.
МЫ	Мы взяли **свои** (=**наши**) ручки. We took our own (=our) pen.
ВЫ	Вы взяли **свою** (=**вашу**) ручку. You took your own (=your) pen.

ОН	Он взял **свою** ручку. He took his (=his own) pen.	Он взял **его** ручку. He took his (=somebody else's) pen.
ОНА	Она взяла **свою** ручку. She took her (=her own) pen.	Она взяла **её** ручку. She took her (=somebody else's) pen.
ОНИ	Они взяли **свои** ручки. They took their (=their own) pen.	Они взяли **их** ручки. They took their (=somebody else's) pen.

69. Склонение существительных единственного числа
Declension of nouns in singular

Case	Questions	Masculine		Feminine		Neuter
		Inanimate	Animate	Inanimate	Animate	
Nominative	**кто?** **что?**	стол словарь музей санаторий	студент преподаватель Андрей Анатолий врач	комната деревня аудитория тетрадь	сестра Таня Мария мать дочь	окно море здание имя
Genitive	**кого?** **чего?**	стола словаря музея санатория	студента преподавателя Андрея Анатолия	комнаты деревни аудитории тетради	сестры Тани Марии матери	окна моря здания имени
Dative	**кому?** **чему?**	столу словарю музею санаторию	студенту преподавателю Андрею Анатолию врачу	комнате деревне аудитории тетради	сестре Тане Марии матери дочери	окну морю зданию имени

Case	Questions	Masculine		Feminine		Neuter
		Inanimate	**Animate**	**Inanimate**	**Animate**	
Accusative	**кого?** **что?**	стол словарь музей санаторий *(like nominative)*	студент**а** преподавател**я** Андре**я** Анатоли**я** *(like genitive)*	комнат**у** деревн**ю** аудитори**ю** тетрадь	сестр**у** Тан**ю** Мари**ю** мать дочь	окно море здани**е** им**я** *(like nominative)*
Instrumental	**кем?** **чем?**	стол**ом** словар**ём** музе**ем** санатори**ем**	студент**ом** преподавател**ем** Андре**ем** Анатоли**ем**	комнат**ой** деревн**ей** аудитори**ей** тетрад**ью**	сестр**ой** Тан**ей** Мари**ей** мат**ерью** доч**ерью**	окн**ом** море**м** здани**ем** имен**ем**
Prepositional	**о ком?** **о чём?** **в (на) чём?**	в стол**е** в словар**е** в музе**е** в санатори**и**	о студент**е** о преподавател**е** об Андре**е** об Анатоли**и**	в комнат**е** в деревн**е** в аудитори**и** в тетрад**и**	о сестр**е** о Тан**е** о Мари**и** о мат**ери** о доч**ери**	в окн**е** в море в здани**и** в имен**и**

☞ **Remember**

- Шкаф → на (в) шкафу́; сад → в саду́; угол → на (в) углу́; пол → на полу́; снег → на (в) снегу́; мост → на мосту́; берег → на (в) берегу́; год → в году́.
- Masculine nouns ending in the consonants **ж, ш, ч, щ** in the instrumental case have the ending -ем, if the stress is not placed on the ending: товарищ → товарищем; нож → ножом.

70. Склонение существительных множественного числа
Declension of plural nouns

Case	Questions	Masculine		Feminine		Neuter
		Inanimate	Animate	Inanimate	Animate	
Nominative	кто? что?	столы карандаши словари музеи санатории	студенты врачи преподаватели герои гении	комнаты деревни аудитории тетради	сёстры матери	окна моря здания имена
Genitive	кого? чего?	столов карандашей словарей музеев санаториев	студентов врачей преподавателей героев гениев	комнат деревень аудиторий тетрадей	сестёр матерей	окон морей зданий имён
Dative	кому? чему?	столам карандашам словарям музеям санаториям	студентам врачам преподавателям героям гениям	комнатам деревням аудиториям тетрадям	сёстрам матерям	окнам морям зданиям именам

Case	Questions	Masculine		Feminine		Neuter
		Inanimate	Animate	Inanimate	Animate	
Accusative	**кого?**	*like genitive*				
	что?	*like nominative*				
Instrumental	**кем? чем?**	стол**ами** карандаш**ами** словар**ями** музе**ями** санатори**ями**	студент**ами** врач**ами** преподавател**ями** геро**ями** гени**ями**	комнат**ами** деревн**ями** аудитори**ями** тетрад**ями**	сёстр**ами** матер**ями**	окн**ами** мор**ями** здани**ями** имен**ами**
Prepositional	**о ком?** **о чём?** **в (на) чём?**	в стол**ах** в карандаш**ах** в словар**ях** в музе**ях** в санатори**ях**	о студент**ах** о врач**ах** о преподавател**ях** о геро**ях** о гени**ях**	в комнат**ах** в деревн**ях** в аудитори**ях** в тетрад**ях**	о сёстр**ах** о матер**ях**	в окн**ах** в мор**ях** в здани**ях** в имен**ах**

☞ **Remember**
- Профессоры → профессоров; стулья → стульев; города → городов; братья → братьев; учителя → учителей; листья → листьев; соседи → соседей; деревья → деревьев; люди → людей; друзья → друзей.
- Иностранцы → иностранцев (the inflexion is unstressed); отцы — отцов (the inflexion is stressed).
- Крестьяне → крестьян; англичане → англичан.

71. Склонение прилагательных
Declension of adjectives

Case	Singular		Plural
	Masculine / Neuter	**Feminine**	
Nominative	**Какой? Какое?** новый — новое большой — большое маленький — маленькое хороший — хорошее синий — синее	**Какая?** новая большая маленькая хорошая синяя	**Какие?** новые большие маленькие хорошие синие
Genitive	**Какого?** нового большого маленького хорошего синего	**Какой?** новой большой маленькой хорошей синей	**Каких?** новых больших маленьких хороших синих
Dative	**Какому?** новому большому маленькому хорошему синему	**Какой?** новой большой маленькой хорошей синей	**Каким?** новым большим маленьким хорошим синим

Case	Singular		Plural
	Masculine / Neuter	**Feminine**	
Accusative	**Какой? Какое?** (*Inanimate, like nominative*)	**Какую?** нов**ую** боль**Шу́ю** малень**Кую** хоро**Шую** си**Нюю**	**Какие?** (*Inanimate, like nominative*)
	Какого? (*Animate, like genitive*)		**Каких?** (*Animate, like genitive*)
Instrumental	**Каким?** нов**ым** боль**Ши́м** малень**Ким** хоро**Шим** си**Ним**	**Какой?** нов**ой** боль**Шо́й** малень**Кой** хоро**Шей** си**Ней**	**Какими?** нов**ыми** боль**Ши́ми** малень**Кими** хоро**Шими** си**Ними**
Prepositional	**В/на/о каком?** нов**ом** боль**Шо́м** малень**Ком** хоро**Шем** си**Нем**	**В/на/о какой?** нов**ой** боль**Шо́й** малень**Кой** хоро**Шей** си**Ней**	**В/на/о каких?** нов**ых** боль**Ши́х** малень**Ких** хоро**Ших** си**Них**

72. Склонение местоимений этот, тот, весь
Declension of the pronouns этот, тот, весь

Case	Singular			Plural
	Masculine	**Neuter**	**Feminine**	**Plural**
Nominative	этот тот весь	это то всё	эта та вся	эти те все
Genitive	этому тому всему		этой той всей	этих тех всех
Dative	этому тому всему		этой той всей	этим тем всем
Accusative	*Like nominative (with inanimate nouns), like genitive (with animate nouns)*	*Like nominative*	эту ту всю	*Like nominative (with inanimate nouns), like genitive (with animate nouns)*
Instrumental	этим тем всем		этой той всей	этими теми всеми
Prepositional	об этом о том обо всём		об этой о той обо всей	об этих о тех обо всех

73. Склонение личных местоимений
Declension of personal pronouns

Nominative	Genitive	Accusative	Dative	Instrumental	Prepositional
я	меня	меня	мне	мной (мною)	ОБО мне
ты	тебя	тебя	тебе	тобой (тобою)	тебе
он, оно	его, у него	его, на него	ему, к нему	им, с ним	нём
она	её, у неё	её, на неё	ей, к ней	ей, с ней	О ней
мы	нас	нас	нам	нами	нас
вы	вас	вас	вам	вами	вас
они	их, у них	их, на них	им, к ним	ими, с ними	них

74. Склонение вопросительных местоимений кто, что, чей, какой
Declension of interrogative pronouns кто, что, чей, какой

Nominative	Genitive	Accusative	Dative	Instrumental	Prepositional
кто?	кого?	кто?	кому?	кем?	ком?
что?	чего?	что?	чему?	чем?	чём?
чей?	чьего?	чьего? чей?	чьему?	чьим?	чьём?
чья?	чьей?	чью?	чьей?	чьей?	чьей?
чьё?	чьего?	чьё?	чьему?	чьим?	чьём?
чьи?	чьих?	чьих? чьи?	чьим?	чьими?	чьих?
какой?	какого?	какого? какой?	какому?	каким?	каком?
какая?	какой?	какую?	какой?	какой?	какой?
какое?	какого?	какое?	какому?	каким?	каком?
какие?	каких?	каких? какие?	каким?	какими?	каких?

О
В
НА

75. Падежная система (единственное число)
The system of cases (singular)

		Masculine		
	Inanimate		**Animate**	
	Question	**Example**	**Question**	**Example**
Nom.	что? какой?	Этот красивый большой город стоит на берегу моря.	кто? какой? чей?	Этот известный артист Мой старший брат — живёт в Москве
Gen.	чего? какого?	В центре этого красивого большого города — старая площадь.	кого? какого? чьего?	Этого известного артиста Моего старшего брата — не было дома.
Dat.	чему? какому?	Этому красивому большому городу 200 лет.	кому? какому? чьему?	Этому известному артисту Моему старшему брату — тридцать лет.
Acc.	что? какой?	Я люблю этот красивый большой город.	кого? какого? чьего?	Этого известного артиста Моего старшего брата — вы видите на фотографии.
Ins.	с чем? с каким?	Рядом с этим красивым большим городом — новый аэропорт.	с кем? с каким? с чьим?	С этим известным артистом С моим старшим братом — я хочу тебя познакомить.
Prep.	о чём? о каком?	Я прочитал статью об этом красивом большом городе.	о ком? о каком? о чьём?	Об этом известном артисте О своём старшем брате — я хочу тебе рассказать.

	Question	Example	Question	Example	
Nom.	что? какая?	**Эта большая книга** лежит на столе.	кто? какая? чья?	**Эта известная артистка** **Моя старшая сестра**	живёт в Москве.
Gen.	чего? какой?	На полке нет **этой большой книги**.	кого? какой? чьей?	**У этой известной артистки** **Моей старшей сестры**	интересная работа.
Dat.	чему? какой?	**Этой большой книге** — 20 лет.	кому? какой? чьей?	**Этой известной артистке** **Моей старшей сестре**	тридцать три года.
Acc.	что? какую?	Возьми **эту большую книгу**.	кого? какую? чью?	**Эту известную артистку** **Мою старшую сестру**	они ждут около театра.
Ins.	с чем? с какой?	Рядом с **этой большой книгой** лежит тетрадь.	с кем? с какой? с чьей?	**С этой известной** артисткой **Со своей старшей сестрой**	я хочу вас познакомить.
Prep.	в чём? в какой?	Письмо лежит в **этой большой книге**.	о ком? о какой? о чьей?	**Об этой известной артистке** **О своей старшей сестре**	я тебе расскажу.

*(заголовок таблицы: **F e m i n i n e**)*

76. Падежная система (множественное число)
The system of cases (plural)

	Inanimate		Animate	
Nom.	что? какие?	**Эти большие города** находятся на юге.	кто? какие? чьи?	**Мои старшие братья** живут в Москве.
Gen.	чего? каких?	В центре **этих больших городов** — старые районы, исторические памятники.	кого? каких? чьих?	У **моих старших братьев** интересная работа.
Dat.	чему? каким?	**Этим большим городам** почти 100 лет.	кому? каким? чьим?	**Моим старшим братьям** нравится их работа.
Acc.	что? какие?	Я люблю **эти большие города**.	кого? каких? чьих?	Я люблю **своих старших братьев**.
Ins.	с чем? с какими?	Рядом с **этими большими городами** — новые аэропорты.	с кем? с какими? с чьими?	Я хочу познакомить вас с **моими старшими братьями**.
Prep.	о чём? о каких?	У меня есть интересные книги об **этих больших городах**.	о ком? о каких? о чьих?	Я хочу рассказать вам о **своих старших братьях**.

77. Количественные и порядковые числительные
Cardinal and ordinal numerals

Cardinal	Ordinal			Cardinal	Ordinal		
Сколько?	Какой?	Какое?	Какая?	Сколько?	Какой?	Какое?	Какая?
1 оди́н	пе́рвый	пе́рвое	пе́рвая	40 со́рок	сороково́й	сороково́е	сорокова́я
2 два	второ́й	второ́е	втора́я	50 пятьдеся́т	пятидеся́тый	пятидеся́тое	пятидеся́тая
3 три	тре́тий	тре́тье	тре́тья	60 шестьдеся́т	шестидеся́тый	шестидеся́тое	шестидеся́тая
4 четы́ре	четвёртый	четвёртое	четвёртая	70 се́мьдесят	семидеся́тый	семидеся́тое	семидеся́тая
5 пять	пя́тый	пя́тое	пя́тая	80 во́семьдесят	восьмидеся́тый	восьмидеся́тое	восьмидеся́тая
6 шесть	шесто́й	шесто́е	шеста́я	90 девяно́сто	девяно́стый	девяно́стое	девяно́стая
7 семь	седьмо́й	седьмо́е	седьма́я				
8 во́семь	восьмо́й	восьмо́е	восьма́я	100 сто	со́тый	со́тое	со́тая
9 де́вять	девя́тый	девя́тое	девя́тая	200 две́сти	двухсо́тый	двухсо́тое	двухсо́тая
10 де́сять	деся́тый	деся́тое	деся́тая	300 три́ста	трёхсо́тый	трёхсо́тое	трёхсо́тая
11 оди́ннадцать	оди́ннадцатый	оди́ннадцатое	оди́ннадцатая	400 четы́реста	четырёхсо́тый	четырёхсо́тое	четырёхсо́тая
12 двена́дцать	двена́дцатый	двена́дцатое	двена́дцатая	500 пятьсо́т	пятисо́тый	пятисо́тое	пятисо́тая
. . . . . .	. . . . .	. . . . .	. . . . .	600 шестьсо́т	шестисо́тый	шестисо́тое	шестисо́тая
20 два́дцать	двадца́тый	двадца́тое	двадца́тая	700 семьсо́т	семисо́тый	семисо́тое	семисо́тая
21 два́дцать	два́дцать	два́дцать	два́дцать	800 восемьсо́т	восьмисо́тый	восьмисо́тое	восьмисо́тая
оди́н	пе́рвый	пе́рвое	пе́рвая	900 девятьсо́т	девятисо́тый	девятисо́тое	девятисо́тая
30 три́дцать	тридца́тый	тридца́тое	тридца́тая				
32 три́дцать	три́дцать	три́дцать	три́дцать	1000 ты́сяча	ты́сячный	ты́сячное	ты́сячная
два	второ́й	второ́е	втора́я				

78. Склонение числительных один, два, три, четыре
Declension of the numerals один, два, три, четыре

Case	Nouns in the masculine, feminine and neuter genders	
Nominative	один, одна, одно	стол, студент, окно студентка, книга
	два *(m, n)*, две *(f)* три, четыре *(m, n, f)*	стола, студента, окна, студентки, книги
Genitive	одного *(m, n)*, одной *(f)*	стола, студента, окна, студентки, книги
	двух трёх четырёх	столов, студентов, окон, студенток, книг
Dative	одному *(m, n)*, одной *(f)*	столу, студенту, окну, студентке, книге
	двум трём четырём	столам, студентам, окнам, студенткам, книгам
Accusative	*inanimate*	*like nominative*
	animate	*like genitive*
Instrumental	одним *(m, n)*, одной *(f)*	столом, студентом, окном, студенткой, книгой
	двумя тремя четырьмя	столами, студентами, окнами, студентками, книгами
Prepositional	об одном *(m, n)*, одной *(f)*	столе, студенте, окне, студентке, книге
	о двух о трёх о четырёх	столах, студентах, окнах, студентках, книгах

79. Склонение числительных 5-20, 30

Declension of the numerals 5-20, 30

Case	Nouns in masciline, feminine, neuter genders			
Nominative	пять,	двадцать,	тридцать	(столо́в, студе́нтов, студе́нток, книг, око́н)
Genitive	пяти́,	двадцати́,	тридцати́	(столо́в, студе́нтов, студе́нток, книг, око́н)
Dative	пяти́,	двадцати́,	тридцати́	(стола́м, студе́нтам, студе́нткам, кни́гам, о́кнам)
Accusative	пять,	двадцать,	тридцать	(столо́в, студе́нтов, студе́нток, книг, око́н)
Instrumental	пятью́,	двадцатью́,	тридцатью́	(стола́ми, студе́нтами, студе́нтками, кни́гами, о́кнами)
Prepositional	о пяти́,	о двадцати́,	о тридцати́	(стола́х, студе́нтах, студе́нтках, кни́гах, о́кнах)

1. The numerals 5—20 and 30 decline like the word **тетра́дь**.
2. The numerals 5—20 and 30 in the genetive, dative and prepositional cases have the similar ending **-и**.

80. Склонение числительных 40, 90, 100

Declension of the numerals 40, 90, 100

Case	Nouns in the masculine, feminine and neuter genders			
Nominative	со́рок,	девяно́сто,	сто	(столо́в, студе́нтов, студе́нток, книг, око́н)
Genitive	сорока́,	девяно́ста,	ста	(столо́в, студе́нтов, студе́нток, книг, око́н)
Dative	сорока́,	девяно́ста,	ста	(стола́м, студе́нтам, студе́нткам, кни́гам, о́кнам)
Accusative	со́рок,	девяно́сто,	сто	(столо́в, студе́нтов, студе́нток, книг, око́н)
Instrumental	сорока́,	девяно́ста,	ста	(стола́ми, студе́нтами, студе́нтками, кни́гами, о́кнами)
Prepositional	о сорока́,	о девяно́ста,	о ста	(стола́х, студе́нтах, студе́нтках, кни́гах, о́кнах)

The numerals 40, 90, 100 have the ending **-а** in all cases except the accusative which coincides with the nominative.

81. Склонение числительных *50, 60, 70, 80*
Declension of the numerals 50, 60, 70, 80

Case	Nouns in the masculine, feminine and neuter genders
Nominative	пятьдесят, шестьдесят, семьдесят, восемьдесят (столов, студентов, студенток, книг, окон)
Genitive	пятидесяти, шестидесяти, семидесяти, восьмидесяти (столов, студентов, студенток, книг, окон)
Dative	пятидесяти, шестидесяти, семидесяти, восьмидесяти (столам, студентам, студенткам, книгам, окнам)
Accusative	пятьдесят, шестьдесят, семьдесят, восемьдесят (столов, студентов, студенток, книг, окон)
Instrumental	пятьюдесятью, шестьюдесятью, семьюдесятью, восьмьюдесятью (столами, студентами, студентками, книгами, окнами)
Prepositional	о пятидесяти, о шестидесяти, о семидесяти, о восьмидесяти (столах, студентах, студентках, книгах, окнах)

 **Note**   In the compound numerals **50—80** both parts decline like the word **тетрадь**.

82. Склонение числительных *200, 300, 400, 500, 600, 700, 800, 900*
Declension of the numerals 200, 300, 400, 500, 600, 700, 800, 900

Case	Nouns in the masciline, feminine and neuter genders
Nominative	двести, триста, четыреста, пятьсот (столов, студентов, студенток, книг, окон)
Genitive	двухсот, трёхсот, четырёхсот, пятисот (столов, студентов, студенток, книг, окон)
Dative	двумстам, трёмстам, четырёмстам, пятистам (столам, студентам, студенткам, книгам, окнам)
Accusative	двести, триста, четыреста, пятьсот (столов, студентов, студенток, книг, окон)
Instrumental	двумястами, тремястами, четырьмястами, пятистами (столами, студентами, студентками, книгами, окнами)
Prepositional	о двухстах, о трёхстах, о четырёхстах, о пятистах (столах, студентах, студентках, книгах, окнах)

 **Note**   1. The first part of numerals **200, 300, 400** declines like **2,3,4**.
2. The first part of numerals **500—900** declines like the word **тетрадь**.
3. The numeral **тысяча** is declined like the word **задача**.

83. Склонение составных числительных
Declension of compound numerals

Case	Nouns in the masciline, feminine and neuter genders			
Nominative	двести	сорок	восемь	(стол**ов**, студент**ов**, студент**ок**, книг, окон)
Genitive	двухсот	сорок**а**	восьм**и**	(стол**ов**, студент**ов**, студент**ок**, книг, окон)
Dative	двумстам	сорок**а**	восьм**и**	(стол**ам**, студент**ам**, студентк**ам**, книг**ам**, окн**ам**)
Accusative	двести	сорок	восемь	(стол**ов**, студент**ов**, студент**ок**, книг, окон)
Instrumental	двумястами	сорок**а**	восьм**ью**	(стол**ами**, студент**ами**, студентк**ами**, книг**ами**, окн**ами**)
Prepositional	о двухстах	сорок**а**	восьм**и**	(стол**ах**, студент**ах**, студентк**ах**, книг**ах**, окн**ах**)

 Note   In complex numerals each part declines separately.

84. Склонение порядковых числительных *первый, второй, третий*
Declension of ordinal numerals первый, второй, третий

	Masciline / Neuter	Feminine	Plural
Nominative	перв**ый** / перв**ое** втор**ой** / втор**ое** трет**ий** / треть**е**	перв**ая** втор**ая** трет**ья**	перв**ые** втор**ые** трет**ьи**
Genitive	перв**ого**, втор**ого**, треть**его**	перв**ой**, втор**ой**, треть**ей**	перв**ых**, втор**ых**, треть**их**
Dative	перв**ому**, втор**ому**, треть**ему**	перв**ой**, втор**ой**, треть**ей**	перв**ым**, втор**ым**, треть**им**
Accusative	перв**ый**, перв**ого** / перв**ое** втор**ой**, втор**ого** / втор**ое** трет**ий**, треть**его** / треть**е**	перв**ую** втор**ую** трет**ью**	перв**ые** / перв**ых** втор**ые** / втор**ых** трет**ьи** / треть**их**
Instrumental	перв**ым**, втор**ым**, треть**им**	перв**ой**, втор**ой**, треть**ей**	перв**ыми**, втор**ыми**, треть**ими**
Prepositional	перв**ом**, втор**ом**, треть**ем**	перв**ой**, втор**ой**, треть**ей**	перв**ых**, втор**ых**, треть**их**

§1　Общая информация о глаголе
General information about verb

85. Глагольные формы
Verb forms

Verb	Past tense	Present tense	Future tense	Participal			
				Active		Passive	
				Present	Past	Present	Past
Imperfective verbs: читать	он　читал она　читала оно　читало они　читали	я　читаю ты　читаешь он она　читает оно мы　читаем вы　читаете они　читают	я　буду ты　будешь он она　будет оно мы　будем　+ читать вы　будете они　будут	читаЮЩий читаЮЩая читаЮЩее читаЮЩие	читаВШий читаВШая читаВШее читаВШие	читаЕМый читаЕМая читаЕМое читаЕМые	—
Perfective verbs: прочитать	он　прочитал она　прочитала оно　прочитало они　прочитали	—	я　прочитаю ты　прочитаешь он она　прочитает оно мы　прочитаем вы　прочитаете они　прочитают	—	прочитаВШий прочитаВШая прочитаВШее прочитаВШие	—	прочитАННый прочитАННая прочитАННое прочитАННые

Imperative	Conditional	Verbal adverb / gerund
Читай! Читайте!	читал бы	читая
Прочитай! Прочитайте!	прочитал бы	прочитав

86. Спряжение глаголов
Conjugation of verbs

1st conjugation E		2nd conjugation И	
Ending in the present tense:			
у / ю; ешь / ёшь; ет / ёт; ем / ём; ете / ёте; ут / ют		у / ю; ишь; ит; им; ите; ат / ят	
after vowels	*after consonant*	*after soft consonant*	*after* ж, ш, ч, щ
чита́ть	отдохну́ть	говори́ть	слы́шать
чита́ю	отдохну́	говорю́	слы́шу
чита́ешь	отдохнёшь	говори́шь	слы́шишь
чита́ет	отдохнёт	говори́т	слы́шит
чита́ем	отдохнём	говори́м	слы́шим
чита́ете	отдохнёте	говори́те	слы́шите
чита́ют	отдохну́т	говоря́т	слы́ша́т

 Note

1. The 1st conjugation includes models of verbs with letters е in the ending: **писать**, **рисовать**, **иметь**, **нести**, **мочь**, **давать** etc.
2. The 2st conjugation includes models of verbs with letters и in the ending: **смотреть**, **лежать** etc.

87. Глагол *быть* в настоящем, прошедшем и будущем времени
The verb быть in the present, past and future tense

The verb **быть** is not used in the present tense	In the past tense the verb **быть** changes for number and gender	In the future tense the verb **быть** changes for persons	
Мать дома.	Мать **была** дома.	Я **буду** дома.	Мы **будем** в центре.
Сын в школе.	Сын **был** в школе.	Ты **будешь** дома.	Вы **будете** в кино.
Дети в театре.	Дети **были** в театре.	Он (она) **будет** в театре.	Они **будут** в банке.

88. Образование форм прошедшего времени и императива

Formation of the past tense and the imperative

Past tense		Imperative		
		Singular		**Plural**
Stem of infinitive +	-л *(m.)* -ла *(f.)* -ло *(n.)* -ли *(pl.)* -лся *(m.)* -лась *(f.)* -лось *(n.)* -лись *(pl.)*	Stem of present tense +	**-Й** — *if* the stem ends in a vowel. **-И** — if the stem ends in a consonant and the stress falls on the ending in the 1st person (*present or simple future*). **-Ь** — if the stem ends in a consonant and the stress falls on the stem in the 1st person (*present or simple future*). **-ЙСЯ** — for reflexive verbs with the stem ends in a vowel. **-ИСЬ** — for reflexive verbs with the unstressed stem ends in a consonant.	Singular + **те**

✍ **Note**

1. For verbs with suffix **-ава-** (**давать, продавать, вставать**) this suffix occurs in the imperative form (**давай, продавай, вставай**); in this case we form imperative from the stem of infinitive: **дава+й → давай(те)**.
2. If the stem of present tense ends in **-ь** we should use ending **-й**: **пь+ -й → пей**.
3. If the stem of present tense ends in 2 consonants or has prefix which is stressed in all forms we should use ending **-и**: **пóмн+и → помни (те)**; **выуч+и → выучи(те)**.
4. For reflexive verbs particle **-ся (-сь)** should be put at the very end: **уч+ и+ сь → учись (учитесь)**.

📖 **Examples**

читать

я, ты,он	чита+л = читал	Чита+й = читай!
я, ты, она	чита+ла = читала	Читай+те = читайте!
мы, вы, они	чита+ли = читали	

вернуться

верну+л+ся = вернулся	Верн+и+сь= вернись!
верну+ла+сь = вернулась	Верни+ те+сь = вернитесь!
верну+ли+сь = вернулись	

89. Конструкции у кого есть кто/что и у кого нет кого/чего
Constructions у кого есть кто/что **and** у кого нет кого/чего

Tense	Personal construction			Impersonal construction
Present	У + *Genetive* +	**есть**	+ *Nominative*	У + *Genetive* + **нет** + *Genetive*
Past	У + *Genetive* +	**был** **была** **было** **были**	+ *Nominative*	У + *Genetive* + **не было** + *Genetive*
Future	У + *Genetive* +	**будет** **будут**	+ *Nominative*	У + *Genetive* + **не будет** + *Genetive*

 Note

1. The verb **есть** is used to emphasize existence or possession of someone or something: У меня **есть** машина. I've got a car. У меня **есть** друзья. I have friends.

2. The verb **есть** is omitted when the statement does not assert existence or possession, but expresses quantity or describes the object: У меня **хорошая** машина. I have a good car. У меня **красивая** сестра. I have a beautiful sister. У меня **много** друзей. I have a lot of friends. У неё **голубые** глаза. She has blue eyes.

3. In the past or future tenses the forms of the verb are never omitted: У неё голубые глаза. She **has** blue eyes. У неё **были** голубые глаза. She **had** blue eyes. У неё **будут** голубые глаза. She **will have** blue eyes.

Examples

У меня есть брат / сестра. — У меня нет брата / сестры.

У меня был словарь / была книга / было время / были деньги. — У меня не было словаря / книги / времени / денег.

У меня будет словарь / книга / время / будут деньги. — У меня не будет словаря / книги / времени / денег.

90. Виды глагола
Aspects of the verbs

Imperfective

Type of action:
— Что ты **делал** вчера? — Я **читал** текст и **писал** письмо.

Action without information about result:
Вчера я **писал** письмо. (но не закончил)

Prolonged action:
Вчера я долго **писал** письмо. Я **читал** текст 30 минут. *(with the words:* **долго, весь день, целый вечер, 2 часа,** *etc.)*

Recurrent action:
Раньше я **смотрел** телевизор каждый день. *(with the words:* **всегда, обычно, часто, иногда, каждый день***)*

Perfective

Result of action:
Вчера вечером я **написал** письмо.

Momentary action (*not for all verbs*):
Он **толкнул** меня, и я упал.

Single action:
Я внимательно **посмотрел** на доску и **увидел** ошибку.

91. Употребление глаголов *называться* и *звать*
The usage of the verbs называться *and* звать

Inanimate

Как **называется** этот город? (эта улица? это место?)
Как **называются** эти цветы?

Animate

Как **зовут** этого человека? (эту девушку? твоего брата? вашу сестру? ваших друзей?)

92. Модели глаголов
Models of the verbs

Model	Stem of present	Conjunction	Alternations	Stem of Infinitive	Past tense	Imperative	Examples
читать	чита-	я читаю ты читаешь они читают	—	чита-	читал читала читало читали	читай! читайте!	работать, отвечать, повторять, (с)делать, (у)знать
а) **писать**	пиШ-	я пиШу ты пиШешь они пиШут	*(for all persons)* с, х ⟶ Ш (пиСать, маХать) к, т ⟶ Ч (плаКать, пряТать) ск ⟶ Щ (иСКать) з ⟶ Ж (сКАзать)	писа-	писал писала писало писали	пиШи! пиШите!	а) рассказать, показать, послать
б) **брать**	бЕр-	я бЕру ты бЕрёшь они бЕрут		бра-	брал брала брало брали	бЕри! бЕрите!	б) убрать, выбрать
отдохнуть	отдохн-	я отдохну ты отдохнёшь они отдохнут	—	отдохну-	отдохнул отдохнула отдохнуло отдохнули	отдохни! отдохните!	крикнуть, стукнуть, прыгнуть (*perfective verbs with the suffix -ну-*)
рисовать	рисУ-	я рисУю ты рисУешь они рисУют	-ова / -ева ⟶ У *(alternation of suffixes)*	рисова-	рисовал рисовала рисовало рисовали	рисУй! рисУйте!	организовать, беседовать, танцевать, участвовать (*verbs with suffixes -ова- or -ева-*)
давать	да-	я даю ты даёшь они дают	-ва ⟶ [∅]	дава-	давал давала давало давали	давай! давайте!	передавать, узнавать, вставать (*verbs with roots да-, зна-, ста- and suffix -ва-*)

14-721

Model	Stem of present	Conjunction	Alternations	Stem of Infinitive	Past tense	Imperative	Examples
дать	даД-	я дам ты дашь он даст мы даДим вы даДите они даДут	[∅] ⟶ Д *(in plural)*	да-	дал дала дали	дай! дайте!	сдать, продать, передать *(verbs with the root* да- *and without suffix* -ва-*)*
стать	стаН-	я стаНу ты стаНешь они стаНут	[∅] ⟶ Н *(for all persons)*	ста-	стал стала стало стали	стаНь! стаНьте!	а) устать, перестать *(verbs with the root* ста- *and without the suffix* -ва-*)* б) надеть, одеть, начать
мочь	моГ	я моГу ты моЖешь он моЖет мы моЖем вы моЖете они моГут	ч ⟶ Г, Ж (мочь) ч ⟶ К, Ч (печь)	мо-	мог могла могло могли	—	помочь, печь, течь, лечь
а) **пить**	пЬ-	я пЬю ты пЬёшь они пЬют	*in the root:* и ⟶ Ь (пить, лить)	пи-	пил пила пило пили	пЕй! пЕйте!	бить, выпить
б) **мыть**	мО-	я мОю ты мОешь они мОют	ы ⟶ О (мыть)	мы-	мыл мыла мыло мыли	мОй! мОйте!	вымыть, открыть, закрыть
в) **петь**	пО-	я пОю ты пОёшь они пОют	е ⟶ О *(for all persons)*	пе-	пел пела пело пели	пОй! пОйте!	спеть, запеть *(prefixated verbs formed from* петь*)*

Model	Stem of present	Conjunction	Alternations	Stem of Infinitive	Past tense	Imperative	Examples
а) **идти**	ид-	я иду ты идёшь они идут		ид-	шёл шла шло шли	иди! идите!	а) войти, уйти, зайти *(prefixated verbs formed from* идти*)*
б) **нести**	нес-	я несу ты несёшь они несут		нес-	нёс несла несло несли	неси! несите!	б) принести, отнести, унести *(prefixated verbs formed from* нести*)*
в) **вести**	веД-	я веДу ты веДёшь они веДут	с → Д *(in the root, for all persons)*	вел-	вёл вела вело вели	веДи! веДите!	в) привести, увести, отвести *(prefixated verbs formed from* вести*)*
снять	снИМ-	я снИМу ты снИМешь они снИМут	я → ИМ / ЙМ *(for all persons)*	сня-	снял сняла сняло сняли	снИМи! снИМите!	занять, понять, принять
говорить	говор-	я говорю ты говоришь они говорят	*Alternations are used only for the first person (singular)* б → БЛ (любить) в → ВЛ (готовить) п → ПЛ (купить) м → МЛ (кормить) ст, т → Щ (простить, запретить) д, з → Ж (возить, ходить) т → Ч (платить) с → Ш (носить)	говори-	говорил говорила говорило говорили	говори! говорите!	решить, ходить, возить, получить, положить *(verbs of II conjugation with the ending* -ить*)*

Model	Stem of present	Conjunction	Alternations	Stem of Infinitive	Past tense	Imperative	Examples
сидеть	сид-	я сиЖу ты сидишь они сидят	д ⟶ Ж с ⟶ Ш (зависеть) *for the first person (sing.)*	сиде-	сидел сидела сидело сидели	Сиди! Сидите!	смотреть, видеть, ненавидеть (*verbs of II conjugation with the ending* -еть)
иметь	име-	я имею ты имеешь они имеют	–	име-	имел имела имело имели	Имей! Имейте!	уметь, (за)болеть, успеть
лежать	леж-	я лежу ты лежишь они лежат	–	леж-	лежал лежала лежало лежали	Лежи! Лежите!	слышать, держать, принадлежать (*verbs of II conjugation with the ending* -ать)
класть	клад	я клаДу ты клаДёшь они клаДут	с ⟶ Д (*for all persons*)	кла-	клал клала клало клали	КлаДи! КлаДите!	упасть, украсть, пропасть (*verbs which end in* -асть)

93. Спряжение глагола *знать* (модель *читать*)
Conjugation of the verb знать (*model* читать)

Tense	The affirmative	The negative	Question	Question with doubt
Present	Я знаю Ты знаешь Он знает Она знает Мы знаем Вы знаете Они знают	Я не знаю Ты не знаешь Он не знает Она не знает Мы не знаем Вы не знаете Они не знают	Я знаю? Ты знаешь? Он знает? Она знает? Мы знаем? Вы знаете? Они знают?	Знаю ли я? Знаешь ли ты? Знает ли он? Знает ли она? Знаем ли мы? Знаете ли вы? Знают ли они?
Past	Он (я, ты) знал Она (я, ты) знала Оно знало Они (мы, вы) знали	Он не знал Она не знала Оно не знало Они не знали	Он знал? Она знала? Оно знало? Они знали?	Знал ли он? Знала ли она? Знало ли оно? Знали ли они?
Future	Я буду знать Ты будешь знать Он будет знать Она будет знать Мы будем знать Вы будете знать Они будут знать	Я не буду знать Ты не будешь знать Он не будет знать Она не будет знать Мы не будем знать Вы не будете знать Они не будут знать	Я буду знать? Ты будешь знать? Он будет знать? Она будет знать? Мы будем знать? Вы будете знать? Они будут знать?	Буду ли я знать? Будет ли он знать? Будут ли они знать?

Imperative: Знай! Знайте!

 **Examples**

Я **знаю**, кто это. Это Иван. Я **знаю**, кто этот человек. Я **знаю**, что это наш новый инженер.

Я **знаю**, как его зовут. Я **знаю**, что его зовут Иван Петрович. Я **знаю**, сколько ему лет. Я **знаю**, что ему 45 лет.

Вы **знаете**, где он живёт? Вы **не знаете**, где он живёт? **Знаете ли** вы, где он живёт? Я **знаю**, на какой улице он живёт.

Я **знаю**, в каком доме он живёт.

94. Наиболее важные глаголы модели читать
The most important verbs following the model читать

Verb	Translation	Example
бегать	*to run, to jog*	Мальчик **бегает** по двору. **Не бегай!**
вспоминать	*to remember*	Я часто **вспоминаю** эту деревню.
возвращать	*to return*	**Я возвращаю** тебе книгу.
встречать	*to meet*	Я часто **встречаю** его на улице.
гулять	*to walk*	Обычно я **гуляю** вечером полчаса.
делать	*to do, to make*	Что ты **делаешь** вечером?
думать	*to think*	О чём вы **думаете**?
желать	*to wish*	**Я желаю** вам счастья (здоровья).
завтракать	*to have breakfast*	Обычно я **завтракаю** дома.
играть	*to play*	Он **играет** в шахматы (футбол, теннис).
изучать	*to study*	**Я изучаю** русский язык недавно.
кончать	*to finish*	**Я кончаю** работать в 6 часов.
начинать	*to begin*	Мы **начинаем** работу в 9 часов.
объяснять	*to explain*	Брат всегда **объясняет** мне физику.
обедать	*to have dinner*	Мы **обедаем** в нашей столовой.
опоздать	*to be late*	Извините, я **опоздал** на пять минут!
опаздывать	*to be late*	Он часто **опаздывает** на работу.
осматривать	*to see*	Туристы **осматривали** соборы Кремля.

Verb	Translation	Example
отдыхать	*to have a rest*	После занятий мы **отдыхаем** два часа.
отвечать	*to answer*	Мы **отвечаем** на вопросы по-русски.
понимать	*to understand*	Я не **понимаю**, о чём вы говорите.
получать	*to get, to receive*	Я часто **получаю** письма от друзей.
повторять	*to repeat*	**Не повторяй** вопрос! Я всё понимаю.
помогать	*to help*	Он часто **помогает** младшему брату.
посылать	*to send*	Он **посылает** письмо брату в Москву.
показывать	*to show*	Я **показывал** другу Москву.
подумать	*to think*	**Подумай**, что ты делаешь?
послушать	*to listen*	Я **послушал** музыку и пошёл гулять.
погулять	*to walk*	Я **погулял** и пошёл домой.
позавтракать	*to have breakfast*	Мы **позавтракали** и пошли на работу.
поужинать	*to have supper*	Он **поужинал** в ресторане «Москва».
пообедать	*to have dinner*	Где вы **пообедали**? В столовой.
прочитать	*to read*	Вы **прочитали** эту книгу?
работать	*to work*	Я **работаю** каждый день.
рассказывать	*to tell*	Мы **рассказывали** друг другу новости.
слушать	*to listen*	Я люблю **слушать** музыку.
ужинать	*to have supper*	Где вы обычно **ужинаете**?

95. Наиболее важные глаголы модели *говорить*
The most important verbs following the model говорить

Verb with alternation	Translation	Example
благодарить	to thank	**Благодарю** вас за помощь.
готовить в/вл	to prepare, to cook	Она **готовила** обед.
возвратить т/щ	to give back	Он **возвратил** мне книгу.
вспомнить	to remember	Я **вспомнил** этого человека.
встретить т/ч	to meet	Я **встретил** вас!
входить д/ж	to enter	**Входите** в комнату!
выходить д/ж	to go out, to exit	Не **выходите** на улицу: холодно!
выучить	to learn	Ты **выучил** эту теорему?
дарить	to present	**Дарю** тебе это на память.
звонить	to phone	Обычно он **звонит** в 9 часов.
кончить	to finish, to end	Вы **кончили** работу? Свободны?
купить п/пл	to buy	Я **куплю** тебе эту книгу.
любить б/бл	to love	Я **люблю** зиму.
пригласить с/ш	to invite	Ты **пригласишь** Нину в гости?
просить с/ш	to ask for, to request	Я **прошу** вас помочь мне.
попросить с/ш	to ask for, to request	Я **попросил** друга помочь мне.
представить в/вл	to introduce, to present	Разрешите **представить** вам моего друга.
предложить	to offer, to propose	Что вы можете **предложить** нам?
приготовить в/вл	to prepare, to cook	Я **приготовлю** вкусный обед.
подарить	to present	Я **подарил** Лиде 5 роз.
получить	to get, to receive	Я **получила** письмо от брата.
познакомить м/мл	to acquaint	Я **познакомлю** тебя с братом.
объяснить	to explain	**Объясни** задачу Лиде и Коле.
спросить с/ш	to ask, to inquire	Я хочу **спросить** вас о Борисе.
учить	to teach	Я **учу** брата плавать.

96. Возвратные глаголы

Reflexive verbs

Classes of verbs	Comments	Example	Examples of verbs of every class
Properly reflexive	Subject's actions directed to himself.	Я **умываюсь**. (=умываю себя) Мать **причёсывается**. (=причёсывает себя)	одеваться, причёсываться, умываться, мыться, купаться, прятаться, бриться, вытираться, защищаться
Mutually reflexive	Subjects' actions directed to each other.	Когда подруги **встречаются**, они **обнимаются** и **целуются**.	целоваться, обниматься, здороваться, прощаться, знакомиться, ссориться, мириться, переписываться
Generally reflexive	a) Change in the subject's movement, position, state.	Автобус шёл и вдруг **остановился**. Подруги **обрадовались** встрече. Мы **повернулись** к нему.	двигаться, останавливаться, подниматься, спускаться, оглядываться, поворачиваться, радоваться, беспокоиться, волноваться
	b) Beginning, end, and continuation of some occurrence or action.	Урок **начинается** в 9 часов и **заканчивается** в 10.30.	начинаться, продолжаться, кончаться, прекращаться
	c) Permanent property of a subject.	Собака **кусается**.	жжечься, гнуться
Verbs ending in -ся (they are not used without -ся)	—	Мальчик весело **смеётся**. Вода **является** жидкостью.	смеяться, становиться, появляться, улыбаться, являться, бояться, бороться, надеяться, стараться, оставаться, гордиться, любоваться, расставаться
Verbs used in impersonal constructions	The condition of a subject is independent of his will.	Мне сегодня не **спится**. Ему не **хочется** есть.	случаться, хотеться, нездоровиться
In passive constructions	The agent of the action is expressed by the grammatical subject.	Эта проблема **изучается** учёными.	исследоваться, наблюдаться, решаться

97. Значения глаголов движения идти — ходить (группы 1 и 2)
Meanings of the verbs of motion идти — ходить (group 1 and group 2)

Group 1 **ИДТИ**	**Movement in one direction only.** Я **иду** в институт. Я **шёл** в институт (и встретил друга).		
Group 2 **ХОДИТЬ**	**Movement in both directions** *(there and back).* a) once: Я **ходил** в институт. b) many times: Я **хожу** в институт. Я **буду ходить** в институт.	**Movement without direction:** Я **хожу по комнате**. Мы ходим **по парку**.	**Ability to make movement of such type:** Человек **ходит**, а птица **летает**. Ребёнок уже умеет **ходить**. Я умею **плавать**.

☞ **Remember**   Я ходил *куда?* **в институт**.
                  Я был *где?* **в институте**.

98. Бесприставочные глаголы движения (группы 1 и 2)
Unprefixed verbs of motion (group 1 and group 2)

Characteristic of the group	Group 1	Group 2	Characteristic of motion	Questions
Intransitive verbs: the subject is moving	идти́ бежа́ть	ходи́ть бе́гать	on foot on foot, quickly	*куда? откуда? к кому? от кого?*
	е́хать плы́ть лете́ть	е́здить пла́вать лета́ть	by transport in water in air	*куда? откуда? к кому? от кого?* *на чём?*
Transitive verbs: the subject moves together with object	нести́ вести́ везти́	носи́ть води́ть вози́ть	with object in hands (on foot) leading object (on foot) transporting object	*кого? что? куда? откуда? от кого? к кому?* *на чём? (for verbs* везти *and* возить*)*

99. Сопоставление глаголов движения идти, ехать, пойти, поехать, ходить, ездить
Comparison of the verbs of motion идти, ехать, пойти, поехать, ходить, ездить

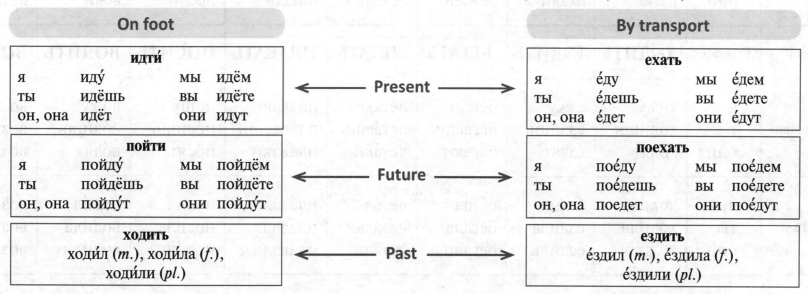

On foot

идти́
я	иду́	мы	идём
ты	идёшь	вы	идёте
он, она	идёт	они	идут

пойти
я	пойду́	мы	пойдём
ты	пойдёшь	вы	пойдёте
он, она	пойду́т	они	пойду́т

ходить
ходи́л (*m.*), ходи́ла (*f.*),
ходи́ли (*pl.*)

← Present →
← Future →
← Past →

By transport

ехать
я	е́ду	мы	е́дем
ты	е́дешь	вы	е́дете
он, она	е́дет	они	е́дут

поехать
я	пое́ду	мы	пое́дем
ты	пое́дешь	вы	пое́дете
он, она	поедет	они	пое́дут

ездить
е́здил (*m.*), е́здила (*f.*),
е́здили (*pl.*)

100. Спряжение бесприставочных глаголов движения первой и второй группы в настоящем и прошедшем времени

Conjugation of the verbs of motion (group 1 and group 2) without prefixes in present and past tenses

	Infinitive	Pronouns	Intransitive verbs					Transitive verbs		
			ИДТИ	**ЕХАТЬ**	**БЕЖАТЬ**	**ЛЕТЕТЬ**	**ПЛЫТЬ**	**НЕСТИ**	**ВЕСТИ**	**ВЕЗТИ**
Group ИДТИ	Present	я ты они	иду́ идёшь иду́т	éду éдешь éдут	бегу́ бежи́шь бегу́т	лечу́ лети́шь летя́т	плыву́ плывёшь плыву́т	несу́ несёшь несу́т	веду́ ведёшь веду́т	везу́ везёшь везу́т
	Past	я ты они	шёл шла шли	éхал éхала éхали	бежа́л бежа́ла бежа́ли	лете́л лете́ла лете́ли	плыл плыла́ плы́ли	нёс несла́ несли́	вёл вела́ вели́	вёз везла́ везли́
	Infinitive	Pronouns	**ХОДИТЬ**	**ЕЗДИТЬ**	**БЕГАТЬ**	**ЛЕТАТЬ**	**ПЛАВАТЬ**	**НОСИТЬ**	**ВОДИТЬ**	**ВОЗИТЬ**
Group ХОДИТЬ	Present	я ты они	хожу́ хо́дишь хо́дят	éзжу éздишь éздят	бе́гаю бе́гаешь бе́гают	лета́ю лета́ешь лета́ют	пла́ваю пла́ваешь пла́вают	ношу́ но́сишь но́сят	вожу́ во́дишь во́дят	вожу возишь возят
	Past	я ты они	ходи́л ходи́ла ходи́ли	éздил éздила éздили	бе́гал бе́гала бе́гали	лета́л лета́ла лета́ли	пла́вал пла́вала пла́вали	носи́л носи́ла носи́ли	води́л води́ла води́ли	возил возила возили

101. Употребление глаголов *идти* и *ходить*
Usage of verbs идти *and* ходить

Tense	Идти	Ходить
Present	**1. Я иду** в парк (сейчас)	**1. Я хожу** в парк (регулярно). = **Я бываю** в парке.
	2. Обычно я иду в парк **Как?** manner пешком. медленно. с другом. мимо цирка. **Как долго?** duration полчаса. 20 минут.	**2. (Обычно) я хожу** в парк **Как?** пешком. медленно. с другом. мимо цирка.
	3. Когда я иду в парк, я всегда встречаю Виктора.	**3. Когда я хожу** в парк, я всегда встречаю Виктора.
	4. Я иду по коридору. along	**4. Я хожу** по коридору. around

117

Past

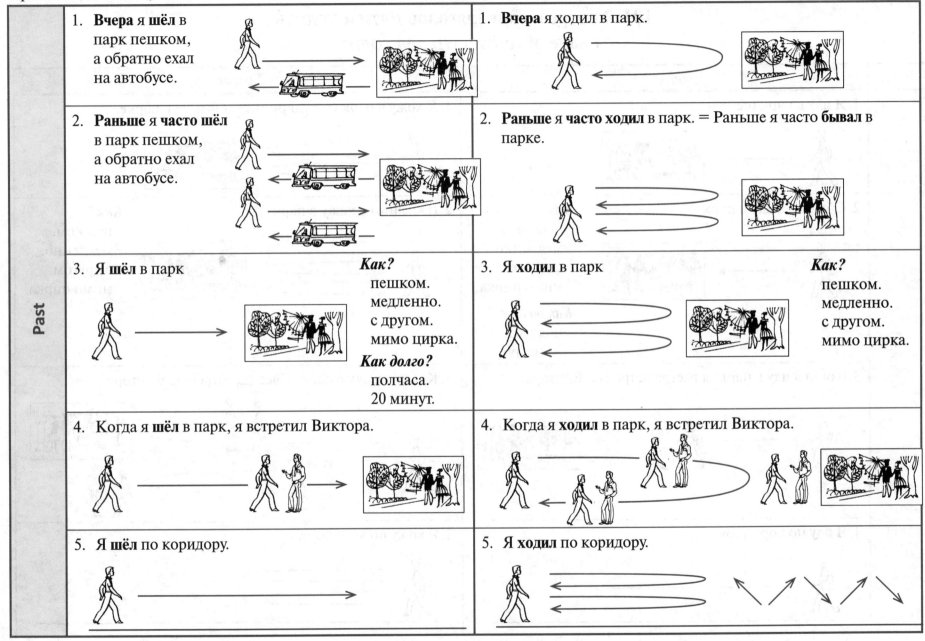

1. **Вчера** я **шёл** в парк пешком, а обратно ехал на автобусе.

1. **Вчера** я ходил в парк.

2. **Раньше** я **часто шёл** в парк пешком, а обратно ехал на автобусе.

2. **Раньше** я **часто ходил** в парк. = Раньше я часто **бывал** в парке.

3. **Я шёл** в парк

Как?
пешком.
медленно.
с другом.
мимо цирка.

Как долго?
полчаса.
20 минут.

3. **Я ходил** в парк

Как?
пешком.
медленно.
с другом.
мимо цирка.

4. Когда я **шёл** в парк, я встретил Виктора.

4. Когда я **ходил** в парк, я встретил Виктора.

5. **Я шёл** по коридору.

5. **Я ходил** по коридору.

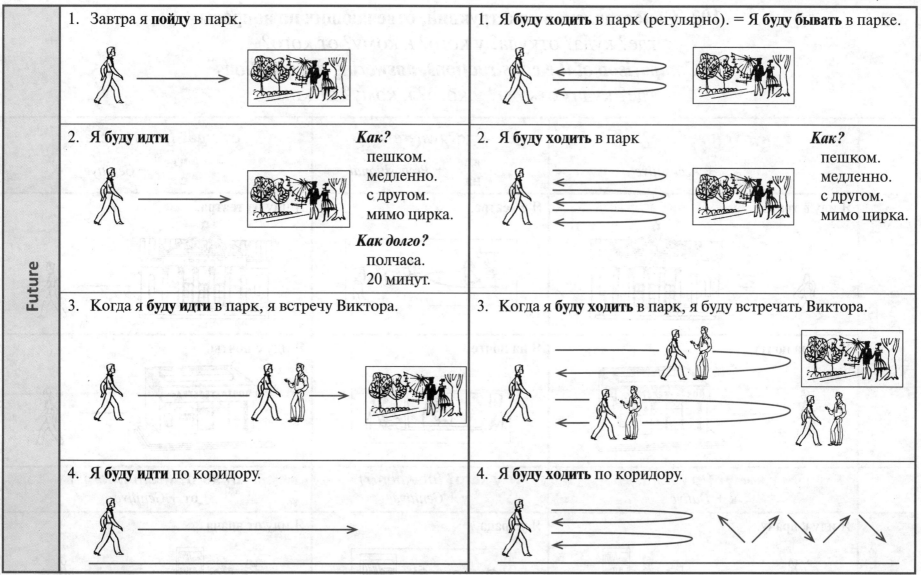

Future

1. Завтра я **пойду** в парк.

1. Я буду **ходить** в парк (регулярно). = Я буду **бывать** в парке.

2. Я буду **идти**

Как?
пешком.
медленно.
с другом.
мимо цирка.

Как долго?
полчаса.
20 минут.

2. Я буду **ходить** в парк

Как?
пешком.
медленно.
с другом.
мимо цирка.

3. Когда я **буду идти** в парк, я встречу Виктора.

3. Когда я буду **ходить** в парк, я буду встречать Виктора.

4. Я **буду идти** по коридору.

4. Я буду **ходить** по коридору.

Note

1. Он **ходит** в школу. = Он посещает школу. = Он школьник.
2. Она **ходит** на йогу (на теннис). = Она занимается йогой (теннисом).
3. Обычно я **хожу** очень быстро, но сейчас **иду** медленно, потому что у меня болит нога.

102. Сопоставление конструкций, отвечающих на вопросы
где? куда? откуда? у кого? к кому? от кого?
Comparison of the constructions, answering the questions
где? куда? откуда? у кого? к кому? от кого?

	куда? *(to where?)* в / на + *Accusative*	где? *(where?)* в / на + *Prepositional*	откуда? *(from where?)* из / с + *Genitive*
Inanimate nouns	Я иду **в театр**.	Я **в театре**.	Я иду **из театра**.
	Я иду **на почту**.	Я **на почте**.	Я иду **с почты**.
	к кому? *(to whom?)* **к** + *Dative*	**у кого?** *(at whom?)* **у** + *Genitive*	**от кого?** *(from whom?)* **от** + *Genitive*
Animate nouns	Я иду **к врачу**.	Я **у врача**.	Я иду **от врача**.

103. Употребление глаголов идти, пойти, прийти, ехать, поехать, приехать в прошедшем времени
Usage of the verbs идти, пойти, прийти, ехать, поехать, приехать *in the past tense*

On foot	By transport

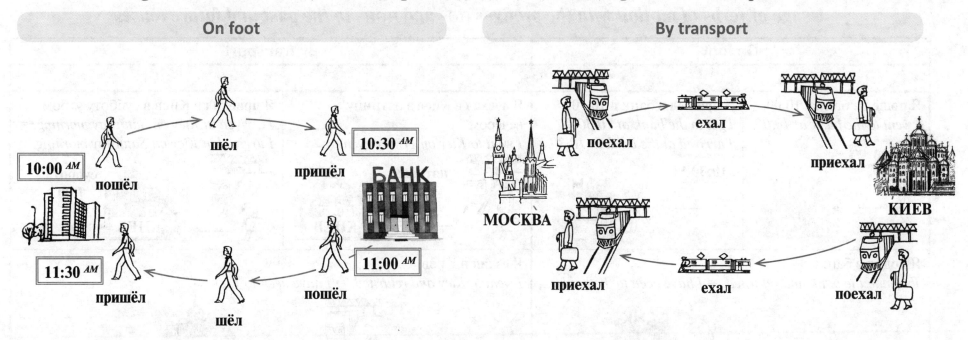

Я **пошёл** в банк в 10.00.

Я **шёл** в банк 30 минут.

Я **пришёл** банк в 10.30.

Я **был** в банке 30 минут.

Я **пошёл** домой в 11.00.

Я **шёл** домой 30 минут.

Я **пришёл** домой в 11.30.

Я **поехал** в Киев в пятницу вечером.

Я **ехал** в Киев одну ночь.

Я **приехал** в Киев в субботу утром.

Я **был** в Киеве один день.

Я **поехал** в Москву в субботу вечером.

Я **ехал** в Москву одну ночь.

Я **приехал** в Москву в воскресенье утром.

104. Употребление глаголов движения с приставками *по-* и *при-* в прошедшем и будущем времени

Usage of verbs of motion with the prefixes *по-* and *при-* in the past and future tenses

On foot		By transport	
Past			
Я **пошёл** в банк в 10.00. *I went to the bank at 10.00.* **10:00** ᴬᴹ	Я **пришёл** в банк в 10.30. *I got to the bank at 10.30.* = *I arrived* at the bank at 10.30. **10:30** ᴬᴹ	Я **поехал** в Киев в пятницу вечером. *I went to Kiev on Friday evening.* пятница **18:00** КИЕВ	Я **приехал** в Киев в субботу утром. *I arrived in Kiev on Saturday morning.* = *I arrived* in Kiev on Saturday morning. суббота **7:00** КИЕВ
Я **ходил** в банк. *I went to the bank and returned.* = *I have been to the bank.*		Я **ездил** в Киев. *I went to Kiev and returned.* = *I have been to Kiev.*	
Future			
Я **пойду** в банк в 10.00. *I will go to the bank at 10.00.*	Я **приду** в банк в 10.30. *I will get to the bank at 10.30.* = *I will arrive* at the bank at 10.30.	Я **поеду** в Киев в пятницу вечером. *I will go to Kiev on Friday evening.* КИЕВ	Я **приеду** в Киев в субботу утром. *I will get to Kiev on Saturday morning.* = *I will arrive* in Kiev on Saturday morning. КИЕВ

105. Сопоставление глаголов движения
идти — ехать, пойти — поехать, прийти — приехать, ходить — ездить
Comparison of the verbs of motion идти — ехать, пойти — поехать, прийти — приехать, ходить — ездить

On foot		By transport	
Present			
идти		**ехать**	
я иду́ мы идём ты идёшь вы идёте он идёт они иду́т		я е́ду мы е́дем ты е́дешь вы е́дете он е́дет они е́дут	
Future			
The beginning of motion *(will go)*	**The end of motion** *(will come, will arrive, will get)*	**The beginning of motion** *(will go)*	**The end of motion** *(will come, will arrive, will get)*
пойти	**прийти**	**поехать**	**приехать**
я пойду́ мы пойдём ты пойдёшь вы пойдёте он пойдёт они пойду́т	я приду́ мы придём ты придёшь вы придёте он придёт они приду́т	я пое́ду мы пое́дем ты пое́дешь вы пое́дете он пое́дет они пое́дут	я прие́ду мы е́дем ты прие́дешь вы прие́дете он прие́дет они е́дут
Past			
The beginning of motion *(went to)*	**The end of motion, arrival** *(came, arrived, got)*	**The beginning of motion** *(went to)*	**The end of motion, arrival** *(came, arrived, got)*
пошёл *(m.)*, пошла́ *(f.)*, пошли́ *(pl.)*	пришёл *(m.)*, пришла́ *(f.)*, пришли́ *(pl.)*	пое́хал *(m.)*, пое́хала *(f.)*, пое́хали *(pl.)*	прие́хал *(m.)*, прие́хала *(f.)*, прие́хали *(pl.)*
Motion «there and back» (went somewhere and returned)			
ходить ходи́л*(m.)*, ходи́ла*(f.)*, ходи́ли *(pl.)*		**ездить** е́здил *(m.)*, е́здила*(f.)*, е́здили *(pl.)*	

106. Сопоставление глаголов *идти, пойти, прийти, ходить, ехать, поехать, приехать, ездить*
и английских глаголов *to go, to come, to arrive*

Comparison the verbs *идти, пойти, прийти, ходить, ехать, поехать, приехать, ездить*
and english verbs *to go, to come, to arrive*

Tense	English	Russian	Examples
Present	I — go / am going / walk / am walking (now) / am coming / drive / am driving	Я < иду́ / еду́ (сейчас)	Я иду → в парк. / из парка. / вниз. Я еду → в Киев. / из Киева.
	I — go / walk (usually) / drive	Я < иду́ / хожу́ (обычно, / е́ду часто) / е́зжу	Я **хожу** в парк каждый день. Туда я обычно **иду** пешком, а обратно **еду** на автобусе. В субботу я всегда **езжу** на машине на дачу. Туда я **еду** по Ленинградскому шоссе, а обратно — по Рижскому.
	I — come / arrive (usually)	Я < прихожу́ / приезжа́ю	Я **прихожу** → в парк утром. / из парка днём. Я **приезжаю** → в Киев утром. / из Киева в пятницу.
Past	I — went / walked / drove	Я < пошёл / пое́хал	Я **пошёл** в парк. Из парка я **пошёл** в кино. Я **поехал** в Киев. Из Киева я **поехал** в Минск.
	I — came / arrived	Я < пришёл / прие́хал	Я **пришёл** → в парк. / из парка. Я **приехал** → из Киева. / в Киев.
	I — have been	Я < ходи́л / е́здил	Вчера я **был** в парке. = Вчера я **ходил** в парк. Я **был** в Киеве. = Я **ездил** в Киев.

Past	I was	going walking driving coming	Я ‹ шёл ‹ ехал	Я **шёл** в парк быстро (пешком, мимо цирка, с другом, по набережной). Когда я **шёл** в парк, я встретил Виктора. Я **ехал** на джипе (быстро, с другом, мимо цирка, осторожно, по набережной). Когда я **ехал** в Киев, в поезде я познакомился с интересным человеком.
Future	I will	go walk drive	Я ‹ пойду́ ‹ пое́ду	Я **пойду** в парк. Из парка я **пойду** в кино. Я **поеду** в Киев. Из Киева я **поеду** в Минск.
		come arrive	Я ‹ приду́ ‹ прие́ду	Я приду ‹ в парк. ‹ из парка. Я приеду ‹ в Киев. ‹ из Киева.

107. Приставочные глаголы движения
The verbs of motion with prefixes

Prefix	Scheme	Preposition	Group I perfective	Group II imperfective	Example
в-		**в, на, из, с**	**войти́**	***вх**оди́ть = **войти́**+ **вы́йти**	Я вошёл ‹ **в** комнату **из** коридора. ‹ **с** улицы **на** почту.
вы-		**в, на, из, с**	**вы́йти**	***вых**оди́ть = **вы́йти**+ **войти́**	Я вышел ‹ **на** улицу. ‹ **из** комнаты **в** коридор. ‹ **с** почты.
при-		**в, из, с, на, к, от**	**прийти́**	***прих**оди́ть = **прийти́**+ **уйти́**	Я пришёл ‹ **в** театр (**из** театра). ‹ **на** стадион (**со** стадиона). ‹ **к** другу (**от** друга).
у-		**из, с, в, на, к, от**	**уйти́**	***ух**оди́ть = **уйти́**+ **прийти́**	Я ушёл ‹ **из** театра (**в** театр). ‹ **на** почту (**с** почты). ‹ **к** врачу (**от** врача).
под-		**к**	**подойти**	***под**ходи́ть = **подойти́**+ **от**ойти́	Я подошёл **к** киоску.

125

Prefix	Scheme	Preposition	Group I perfective	Group II imperfective	Example
от-		от, к, в	отойти́	*от**ходи́ть = от**ойти́**+ под**ойти́**	Я отошёл ⟨ **от** доски **к** окну. / **в** сторону.
про-		через, сквозь, мимо под над	пройти́	про**ходи́ть**	Я прошёл ⟨ **через** площадь. **сквозь** джунгли. **мимо** дома. **под** мостом. **над** туннелем.
пере-		через, на, в	перейти́	пере**ходи́ть**	Я перешёл ⟨ **через** улицу. **на** другую сторону (**в** другую комнату).
за-		в, на, к, за за	зайти́	*за**ходи́ть = за**йти́**+ вы́йти**	Я зашёл ⟨ **в** магазин (**на** почту). **к** другу. **за** хлебом. **за** дерево.

об- (обо-)		вокруг	обойти́	обходи́ть	Я обошёл → вокруг дома. ← лужу. → все магазины.
с-		с, на	сойти́	сходи́ть	Я сошёл **с** пятого этажа **на** первый.
вз-		на	взойти́	всходи́ть	Я взошёл **на** гору.
до-		до	дойти́	доходи́ть	Я дошёл **до** дома (**за** 20 минут).
с- (...-ся)		в, на, к	сойти́сь	сходи́ться	Все сошли́сь **в** большую комнату (**к** центру площади).
раз- (...-ся)		из, с	разойти́сь	расходи́ться	Все разошлись **из** дома.

Note

1. Prefix + group I = Perfective verb. Prefix + group II = Imperfective verb (*exception: prefix* по-).
2. Prefixated verbs of motion (*group I and group II*) make a pair *(imperfective and perfective verb)* **приходить → прийти выходить → выйти**.
3. Pprefixes-antonyms: **при- = у-, в- = вы-, под- = от-, с- = вз-, с-(..-ся) = раз-(...-ся)**.
4. Prefixated verbs of motion (*group II*) can denote:
   a) the process of motion, e.g. Когда я **проходил** мимо киоска, я купил газету.
   b) recurring motion in one direction, e.g. Каждый день он **приходит** с работы в 6 часов.
   c) motion here and away (*only in past and only for the verbs marked with * in the table*), e.g. К нам **приходил** (= **пришёл и ушёл**) наш друг и **приводил** (=**привёл и увёл**) собаку.

108. Спряжение приставочных глаголов, образованных
от идти, ходить, ехать и ездить
Conjugation of the verbs with prefixes formed
from идти, ходить, ехать and ездить

Verbs formed from идти and ходить					
Infinitive	**Present**	**Past**	*Infinitive*	**Future**	**Past**
вХОДИ́ть	я вхожу́ ты вхо́дишь они вхо́дят	входи́л входи́ла входи́ли	**войти́**	я войду́ ты войдёшь они войду́т	вошёл вошла́ вошли́
выХОДИ́ть	я выхожу́ ты выхо́дишь они выхо́дят	выходи́л выходи́ла выходи́ли	**вы́йти**	я вы́йду ты вы́йдешь они вы́йдут	вы́шел вы́шла вы́шли
уХОДИ́ть	я ухожу́ ты ухо́дишь они ухо́дят	уходи́л уходи́ла уходи́ли	**уйти́**	я уйду́ ты уйдёшь они уйду́т	ушёл ушла́ ушли́
приХОДИ́ть	я прихожу́ ты прихо́дишь они прихо́дят	приходи́л приходи́ла приходи́ли	**прийти́**	я приду́ ты придёшь они приду́т	пришёл пришла́ пришли́
подХОДИ́ть	я подхожу́ ты подхо́дишь они подхо́дят	подходи́л подходи́ла подходи́ли	**подойти́**	я подойду́ ты подойдёшь они подойду́т	подошёл подошла́ подошли́

Verbs formed from *идти* and *ходить*					
Infinitive	**Present**	**Past**	*Infinitive*	**Future**	**Past**
отходи́ть	я отхожу́ ты отхо́дишь они отхо́дят	отходи́л отходи́ла отходи́ли	**отойти́**	я отойду́ ты отойдёшь они отойду́т	отошёл отошла́ отошли́
проходи́ть	я прохожу́ ты прохо́дишь они прохо́дят	проходи́л проходи́ла проходи́ли	**пройти́**	я пройду́ ты пройдёшь они пройду́т	прошёл прошла́ прошли́
переходи́ть	я перехожу́ ты перехо́дишь они перехо́дят	переходи́л переходи́ла переходи́ли	**перейти́**	я перейду́ ты перейдёшь они перейду́т	перешёл перешла́ перешли́
заходи́ть	я захожу́ ты захо́дишь они захо́дят	заходи́л заходи́ла заходи́ли	**зайти́**	я зайду́ ты зайдёшь они зайду́т	зашёл зашла́ зашли́
обходи́ть	я обхожу́ ты обхо́дишь они обхо́дят	обходи́л обходи́ла обходи́ли	**обойти́**	я обойду́ ты обойдёшь они обойду́т	обошёл обошла́ обошли́
сходи́ть	я схожу́ ты схо́дишь они схо́дят	сходи́л сходи́ла сходи́ли	**сойти́**	я сойду́ ты сойдёшь они сойду́т	сошёл сошла́ сошли́
доходи́ть	я дохожу́ ты дохо́дишь они дохо́дят	доходи́л доходи́ла доходи́ли	**дойти́**	я дойду́ ты дойдёшь они дойду́т	дошёл дошла́ дошли́

Verbs formed from *ехать* and *ездить*					
Infinitive	**Present**	**Past**	*Infinitive*	**Future**	**Past**
въезжа́ть	я въезжа́ю ты въезжа́ешь они въезжа́ют	въезжа́л въезжа́ла въезжа́ли	**въе́хать**	я въе́ду ты въе́дешь они въе́дут	въе́хал въе́хала въе́хали
выезжа́ть	я выезжа́ю ты выезжа́ешь они выезжа́ют	выезжа́л выезжа́ла выезжа́ли	**вы́ехать**	я вы́еду ты вы́едешь они вы́едут	вы́ехал вы́ехала вы́ехали
уезжа́ть	я уезжа́ю ты уезжа́ешь они уезжа́ют	уезжа́л уезжа́ла уезжа́ли	**уе́хать**	я уе́ду ты уе́дешь они уе́дут	уе́хал уе́хала уе́хали
приезжа́ть	я приезжа́ю ты приезжа́ешь они приезжа́ют	приезжа́л приезжа́ла приезжа́ли	**прие́хать**	я прие́ду ты прие́дешь они прие́дут	прие́хал прие́хала прие́хали
подъезжа́ть	я подъезжа́ю ты подъезжа́ешь они подъезжа́ют	подъезжа́л подъезжа́ла подъезжа́ли	**подъе́хать**	я подъе́ду ты подъе́дешь они подъе́дут	подъе́хал подъе́хала подъе́хали
отъезжа́ть	я отъезжа́ю ты отъезжа́ешь они отъезжа́ют	отъезжа́л отъезжа́ла отъезжа́ли	**отъе́хать**	я отъе́ду ты отъе́дешь они отъе́дут	отъе́хал отъе́хала отъе́хали

Infinitive	Present	Past	Infinitive	Future	Past
проезжа́ть	я проезжа́ю ты проезжа́ешь они проезжа́ют	проезжа́л проезжа́ла проезжа́ли	**прое́хать**	я прое́ду ты прое́дешь они прое́дут	прое́хал прое́хала прое́хали
переезжа́ть	я переезжа́ю ты переезжа́ешь они переезжа́ют	переезжа́л переезжа́ла переезжа́ли	**перее́хать**	я перее́ду ты перее́дешь они перее́дут	перее́хал перее́хала перее́хали
объезжа́ть	я объезжа́ю ты объезжа́ешь они объезжа́ют	объезжа́л объезжа́ла объезжа́ли	**объе́хать**	я объе́ду ты объе́дешь они объе́дут	объе́хал объе́хала объе́хали
съезжа́ть	я съезжа́ю ты съезжа́ешь они съезжа́ют	съезжа́л съезжа́ла съезжа́ли	**съе́хать**	я съе́ду ты съе́дешь они съе́дут	съе́хал съе́хала съе́хали
доезжа́ть	я доезжа́ю ты доезжа́ешь они доезжа́ют	доезжа́л доезжа́ла доезжа́ли	**дое́хать**	я дое́ду ты дое́дешь они дое́дут	дое́хал дое́хал дое́хал

109. Общая схема приставочных глаголов движения с пространственным значением
The general sheme of verbs of motion with prefixes denoting space

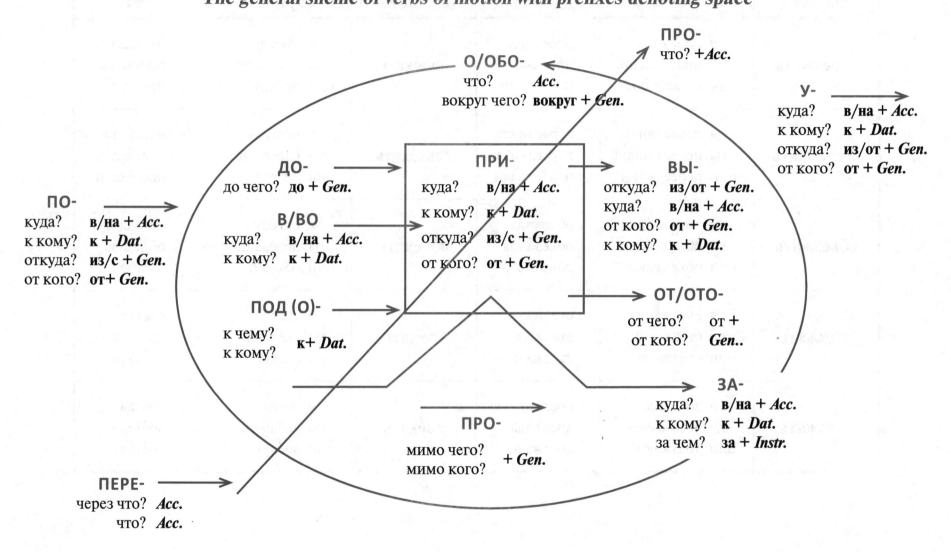

ПРО-
что? +*Acc.*

О/ОБО-
что?   *Acc.*
вокруг чего? **вокруг** + *Gen.*

У-
куда?   **в/на** + *Acc.*
к кому?   **к** + *Dat.*
откуда?   **из/от** + *Gen.*
от кого?   **от** + *Gen.*

ДО-
до чего?   **до** + *Gen.*

ПРИ-
куда?   **в/на** + *Acc.*
к кому?   **к** + *Dat.*
откуда?   **из/с** + *Gen.*
от кого?   **от** + *Gen.*

ВЫ-
откуда?   **из/от** + *Gen.*
куда?   **в/на** + *Acc.*
от кого?   **от** + *Gen.*
к кому?   **к** + *Dat.*

В/ВО
куда?   **в/на** + *Acc.*
к кому?   **к** + *Dat.*

ПО-
куда?   **в/на** + *Acc.*
к кому?   **к** + *Dat.*
откуда?   **из/с** + *Gen.*
от кого?   **от** + *Gen.*

ПОД (О)-
к чему?
к кому?   **к** + *Dat.*

ОТ/ОТО-
от чего?   **от** +
от кого?   *Gen..*

ЗА-
куда?   **в/на** + *Acc.*
к кому?   **к** + *Dat.*
за чем?   **за** + *Instr.*

ПРО-
мимо чего?
мимо кого?   + *Gen.*

ПЕРЕ-
через что? *Acc.*
что?   *Acc.*

110. Глаголы движения с приставками *по-, про-, с-*
Verbs of motion with prefixes по-, про-, с-

Groups	ПО-	ПРО-	С-
Group I (идти)	**ПО-** + *Group I = The perfective verb* The prefix **по-** denotes: а) the beginning of action: Я **пошёл** в кино. б) the beginning of a new stage of action: Я **шёл** быстро, а потом **пошёл** медленно. (*the change of speed*) Мы **шли** прямо, а потом **пошли** налево. (*the change of direction*) Я **шёл** в кино один, но потом встретил друга, и мы **пошли** вместе. (*a change in the number of the participants in the action*) в) the intention to perform the action: Я хочу **пойти** в кино.	**ПРО-** + *Group I = The perfective verb* Я **прошёл** (*perfective*) мимо киоска.	**С-** + *Group II = The perfective verb* Мальчик **сбежал** (*perfective*) по лестнице.
Group II (ходить)	**ПО-** + *Group II = The perfective verb* The prefix **по-** denotes an action limited in time: Я встал и **походил** по комнате (*for a while*).	**ПРО-** + *Group II = The imperfective verb* Когда я **проходил** (*imperfective*) мимо киоска, я купил газету. **ПРО-** + *Group II = The perfective verb* The prefix **про-** denotes an action that took place during a certain time, period of time: Весь день я **проходил** (*perfective*) по городу. (= Весь день я **ходил** по городу.)	**С-** + *Group II = The imperfective verb* Старушка медленно **сходила** (*imperfective*) по лестнице. **С-** + *Group II = The perfective verb* The prefix **с-** denotes a short action «there and back». Девочка **сходила** (*perfective*) за молоком. **Сходи** за хлебом.

✍ **Note**

In imperative constructions denoting action "there and back" in the imperative form from the verb **сходить** (*perfective*) is used because the verb **ходить** is used in the imperative form in negative constructions only:
Сходи в магазин! Go to the shop! **Не ходи** в лес! Don't go to the forest!

111. Некоторые глаголы движения в переносном значении
Some verbs of motion with figurative meanings

Идти		
поезд автобус трамвай троллейбус **идёт**	фильм спектакль урок разговор беседа собрание **идёт**	снег дождь **идёт**
время **идёт** **(бежит, летит)**	годы месяцы дни часы **идут**	платье блузка тебе **идёт**

Вести		Носить
урок собрание дискуссию разговор спор войну хозяйство борьбу экскурсию наблюдение **вести**	**вести** машину	очки брюки **носить** бороду
	вести себя плохо хорошо	

3

Причастие. Активные и пассивные конструкции
Participle. Active and passive constructions

112. Активные и пассивные конструкции
Active and passive constructions

	Active constructions	Passive constructions
For transitive imperfective verbs	*Subject* + *Transitive verb* + *Object* Профессор **читает** лекцию.	*Subject* + *Verb with -ся* + *Object* Лекция **читается** профессором.

Transformation scheme:

Subject (Nominative)	⟶	Object (Instrumental)
Object (Accusative)	⟶	Subject (Nominative)
Transitive verb	⟶	Verb with -ся

	Active constructions	Passive constructions
For transitive perfective verbs	*Subject* + *Transitive verb* + *Object* Профессор **прочитал** лекцию.	*Subject* + *Shortened passive participle* + *Object* Лекция **прочитана** профессором.

Transformation scheme:

Subject (Nominative)	⟶	Object (Instrumental)
Object (Accusative)	⟶	Subject (Nominative)
Transitive verb	⟶	Shortened passive participle

113. Активные и пассивные причастия
Active and passive participles

Active participles		Passive participles	
Present	**Past**	**Present**	**Past**
чита Ю Щий = который **читает**	**чита В Ший** = который **читал**	**чита Е Мая** = которую **читают**	**прочит АНН ая** = которую **прочитали**
From imperfective verbs only	**From perfective and imperfective verbs**	**From transitive imperfective verbs only**	**From transitive perfective verbs only**
Мальчик, **читающий** книгу, сидит у окна. = Мальчик, **который читает** книгу, сидит у окна.	Мальчик, **читавший** книгу, сидел у окна. = Мальчик, **который читал** книгу, сидел у окна. **прочита В Ший** = который **прочитал** Мальчик, **прочитавший** книгу, сидел у окна. = Мальчик, **который прочитал** книгу, сидел у окна.	Книга, **читаемая** мальчиком, лежит на столе. = Книга, **которую читает** мальчик, лежит на столе.	Книга, **прочитанная** мальчиком, лежит на столе. = Книга, **которую прочитал** мальчик, лежит на столе.

Active participles		Passive participles	
Present	**Past**	**Present**	**Past**
The stem of present tense	The stem of past tense	The stem of present tense	The stem of past tense
-ЮЩ- *(conj. I)* -УЩ- *(after* ж, ш, ч, щ) -АЩ- *(conj. II)* -ЯЩ- *(after* ж, ш, ч, щ) + -ий -ая -ее -ие	-ВШ- *(after vowels)* -Ш- *(after consonants)* + -ий -ая -ое -ие	-ЕМ- *(conj.I)* -ИМ- *(conj. II)* + -ый -ая -ое -ые	-НН *(if the stem ends in a vowel)* -ЕНН (-ЁНН) *(if the stem ends in a consonant or* и, *which has to be deleted)* -Т *(if stem ends in* -ы, -я *some others)* + -ый -ая -ое -ые

📖 **Examples**

рисовать / нарисовать, открывать / открыть

рису+ЮЩ+ий	рисова+ВШ+ий НАрисова+ВШ+ий	рису+ЕМ+ый	нарисова+НН+ый
открыва+ЮЩ+ий	открыва+ВШ+ий откры+ВШ+ий	открыва+ЕМ+ый	откры+Т+ый

✍ **Note**

1. Prefixated verbs from the verbs **идти, вести** and verbs of the type **говорить** form the passive participle from the 1st person singular future tense as follows: пройти → пройд(у) → пройденный; перевести → перевед(у) → переведённый; купить → купл(ю) → купленный; приготовить → приготовл(ю) → приготовленный.
2. Verbs with –ся: занима+**ющ**+**ий**+**ся**.
3. Verbs with roots да-, зна-, ста- and suffix -ва- form present passive participle from infinitive: узнава**емый** переда**ва**емый.
4. Verbs **нести, вести** form the present passive participle with suffix -ом: вед**омый**, нес**омый**.
5. There's no present passive participle with the verbs: **бить, пить, петь, ждать, мыть, брать, писать**.
6. **Идти** → шедший, **прийти** → пришедший, **войти** → вошедший, **вести** → ведший, **привести** → приведший.

114. Образование кратких причастий
Formation of shortened passive participles

-Н *(if the stem ends with a vowel)* ⟶ прочита+Н = прочитан (а, о, ы)

The stem of past tense + **-ЕН (-ЁН)** *(if the stem ends with a consonant or* **и** *which has to be deleted)* ⟶ постро+ЕН = построен (а, о, ы)
реш+ЁН=решён (а,о,ы)

-Т *(if stem ends with* **-ы**, **-я** *and some others)* ⟶ откры+Т = открыт (а, о, ы)

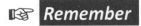 **Remember**

1. From the verbs: **открыть, закрыть, вымыть, понять, принять, взять, убить, выпить, достигнуть** shortened passive participles are formed with suffix **-т**.
2. Prefixated verbs from the verbs **идти, вести** and verbs of the type **говорить** form the passive participle from the 1st person singular future tense as follows:

пройти → пройд(у) + **ен** = пройден
перевести → перевед(у) + **ён** = переведён
купить → купл(ю) + **ен** = куплен
приготовить → приготовл(ю) + **ен** = приготовлен.

4

Деепричастие
Verbal adverb

115. Образование и употребление деепричастий
Formation and use of the verbal adverb

Gerund of the imperfective verb (*derived from the imperfective verbs*)	Gerund of the perfective verb (*derived from the perfective verbs*)
The stem of past tense + ⟨ **-А** (*after* ж, ш, ч, щ), **-Я** **-ЯСЬ** (*for verbs with* -ся)	The stem of past tense + ⟨ **-В** (*after vowels*) **-ВШИ**+ -сь (*for verbs with* -ся), **-ШИ** (*after consonant*)
чита+Я = читая танцу+Я = танцуя леж+А = лёжа сме+ЯСЬ = смеясь	прочита+В = прочитав верну+ВШИ+ -сь = вернувшись смог+ШИ = смогши
1. The verbs having roots да-, зна-, ста- and suffix -ва- form the gerund using the stem of the infinitive: узнава+я = узнавая; достава+я = доставая. 2. The verb **быть** has a special gerund form: **будучи**. 3. It is impossible to form the gerund from the following verbs: **писать, бежать, резать, смотреть, пить, бить, петь, хотеть, есть, мочь, спать.** 4. To indicate an action that is simultaneous to the action of the main clause. **Читая письмо**, Антон улыбался.= Антон **читал письмо** и улыбался.= Когда Антон **читал письмо**, он улыбался.	1. The prefixed verbs of motion form the gerund using the stem of the present tense: прид+я = придя войд+я = войдя принес+я = принеся 2. To indicate an action that is previous to the action of the main clause. **Прочитав письмо**, Антон сел писать ответ. = **После того как Антон прочитал письмо**, он сел писать ответ. = Антон **прочитал письмо** и сел писать ответ.

116. Сопоставление деепричастных оборотов и придаточных времени, условия, уступки и причины
Comparison of constructions with verbal adverbs and subordinate clauses of time, condition, concession and reason

Constructions with verbal adverbs		Subordinate clause
Читая текст, я смотрел новые слова в словаре. Прочитав текст, я пошёл в кино.	**TIME**	Когда я читал текст, я смотрел новые слова в словаре. После того как я прочитал текст, я пошёл в кино.
Занимаясь ежедневно, вы хорошо сдадите экзамены. Выучив русский язык, вы сможете работать переводчиком.	**CONDITION**	Если вы будете заниматься ежедневно, вы хорошо сдадите экзамены. Если вы выучите русский язык, вы сможете работать переводчиком.
Не зная французского языка, он всё-таки понял некоторые слова. Не выучив новые слова, студент пытался прочитать текст.	**CONCESSION**	Хотя он не знает французский язык, он всё-таки понял некоторые слова. Несмотря на то, что студент не выучил новые слова, он пытался прочитать текст.
Не понимая по-французски, он не смог участвовать в нашем разговоре. Не поняв вопроса, студент молчал.	**REASON**	Он не смог участвовать в нашем разговоре, потому что не понимает по-французски. Так как студент не понял вопроса, он молчал.

117. Наречия времени
Adverbs of time

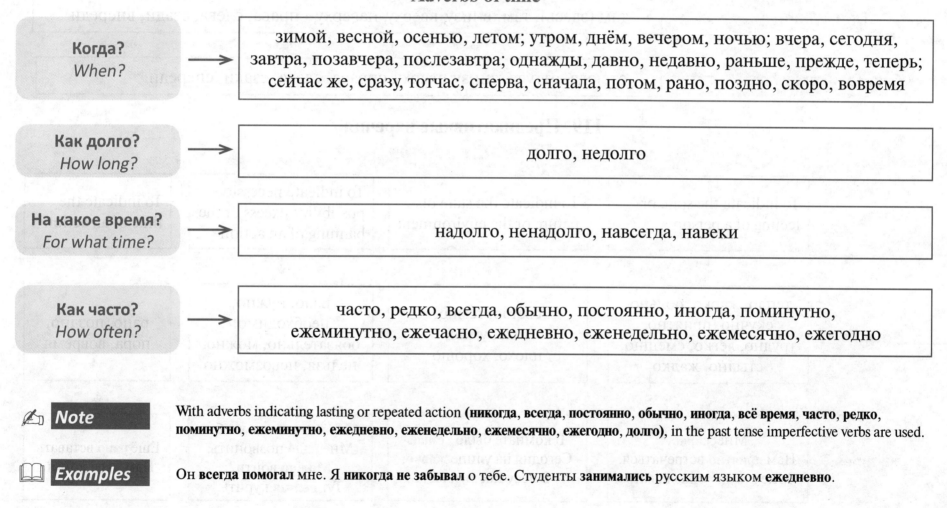

Когда?
When?

зимой, весной, осенью, летом; утром, днём, вечером, ночью; вчера, сегодня, завтра, позавчера, послезавтра; однажды, давно, недавно, раньше, прежде, теперь; сейчас же, сразу, тотчас, сперва, сначала, потом, рано, поздно, скоро, вовремя

Как долго?
How long?

долго, недолго

На какое время?
For what time?

надолго, ненадолго, навсегда, навеки

Как часто?
How often?

часто, редко, всегда, обычно, постоянно, иногда, поминутно, ежеминутно, ежечасно, ежедневно, еженедельно, ежемесячно, ежегодно

Note

With adverbs indicating lasting or repeated action (**никогда, всегда, постоянно, обычно, иногда, всё время, часто, редко, поминутно, ежеминутно, ежедневно, еженедельно, ежемесячно, ежегодно, долго**), in the past tense imperfective verbs are used.

Examples

Он **всегда помогал** мне. Я **никогда не забывал** о тебе. Студенты **занимались** русским языком **ежедневно**.

118. Наречия места
Adverbs of place

Куда? *To where?*	сюда, туда, вниз, вверх, наверх, направо, налево, назад, вперёд
Где? *Where?*	там (здесь), там, внизу, вверху, наверху, справа, слева, сзади, впереди
Откуда? *From where?*	отсюда, оттуда, снизу, сверху, справа, слева, сзади, спереди

119. Предикативные наречия
Predicative adverbs

Usage	To indicate the state or feeling of a person	To indicate the state of nature or the environment	To indicate necessity, possibility, excess or the banning of an action	To indicate the time of an action
Adverbs	тепло, жарко, больно, скучно, приятно, трудно, легко, смешно, стыдно, жалко	светло, темно, тихо, умно, плохо, хорошо	надо, нужно, необходимо, обязательно, можно, нельзя, невозможно	рано, поздно, пора, вовремя
Examples	Мне жарко. Нам приятно встречаться. Мне стыдно опаздывать.	В комнате было темно. Сегодня на улице жарко. В лесу так хорошо!	Нужно купить хлеб. Мне надо позвонить. Можно войти? Тут нельзя курить.	Ещё рано вставать. Нам пора домой.

120. Местоименные наречия
Pronomial adverbs

Pronomial adverbs
do not name any
modifiers or attributes
but just refer to them.

Adverbs	Interrogative adverbs	Demonstrative adverbs	Negative adverbs	Indefinite adverbs
Adverbs of place	где, куда, откуда	там, туда, оттуда, здесь, тут, сюда, отсюда	нигде́, никуда́, ниотку́да, не́где, не́куда, не́откуда	где-то, куда-то, откуда-то, куда-нибудь / -либо, откуда-нибудь / -либо, кое-где, кое-куда, кое-откуда
Adverbs of time	когда	тогда	никогда́ не́когда	когда-то, не́когда, когда-нибудь, когда-либо
Adverbs of manner	как	так	ника́к	ка́к-то, ка́к-нибудь, ка́к-либо, кое-ка́к
Quantative adverbs	сколько насколько	столько настолько	ниско́лько	не́сколько
Adverbs of reason	почему	потому́ поэ́тому		почему-то, почему-нибудь / - либо
Adverbs of purpose	зачем	затем	не́зачем	зачем-то, зачем-нибудь

Note

1. Я ниско́лько (= совсем) не устал. Я не́сколько (= немного) устал.
2. Мне не́когда отдыхать. = У меня нет времени отдыхать.
   Я не́когда жил здесь. = Я когда-то жил здесь.

121. Образование сравнительной степени прилагательных и наречий
Formation of the comparative degree of adjectives and adverbs

Simple comparative degree		
Pattern	**Example**	**Alternation**
Stem + -ЕЕ	си́льный/си́льно — сильне́е сла́бый/сла́бо — слабе́е	–
Stem ending in **г, к, т, ст + -Е**	дороГо́й/до́роГо — доро́Же кре́пКий/кре́пКо — кре́пЧе богА́Тый/богА́То — богА́Че суХо́й/су́Хо — су́Ше молоДо́й/мо́лоДо — моло́Же дешё́Вый/дёшеВо — дешё́ВЛе то́лсТый/то́лсТо — то́лЩе	г / ж к / ч т / ч х / ш д / ж в / вл ст / щ
Complex comparative degree		
БОЛЕЕ МЕНЕЕ **+** *adjective/* *adverb*	**более** красивый/красиво **менее** красивый/красиво	

 Remember

ни́зкий/ни́зко — **ни́же**
высо́кий/высоко́ — **вы́ше**
у́зкий/у́зко — **у́же**
плохо́й/пло́хо — **ху́же**
хоро́ший/хорошо́ — **лу́чше**
ма́ленький — **ме́ньше**
большо́й — **бо́льше**
сла́дкий/сла́дко — **сла́ще**
далёкий/далеко́ — **да́льше**
бли́зкий/бли́зко — **бли́же**

 Note

1. If simple comparative degree consists of 2 sylables and ends with suffix -ЕЕ this suffix always take stress:
си́льный → сильне́е; вку́сный → вксне́е.

2. If simple comparative degree with suffix -ЕЕ consists of more then 2 sylables it usually has stress on the same place as an initial form:
интере́сный → интере́снее; краси́вый → краси́вее.

3. *Exceptions:*
холо́дный → холодне́е; тяжёлый → тяжеле́е;
горя́чий → горяче́е; весёлый → веселе́е.

122. Образование превосходной степени прилагательных и наречий
Formation of the superlative degree of adjectives

Simple superlative degree		
Pattern	**Example**	**Alternation**
Stem + ЕЙШ + < ий, ая, ое, ие	си́льный — сильне́йший но́вый — нове́йший бога́тый — богате́йший	
Stem ending *in* г, к, х + АЙШ + < ий, ая, ое, ие	глубо́Кий — глубоЧа́йший стро́Гий — строЖа́йший ти́Хий — тиШа́йший	к / ч г / ж х / ш
НАИ + *superlative*	наикраси́вейший *(...plus.... quality...)* наилучший	
Complex superlative degree		
са́мый + *adjective* *Comparative* + **всех / всего**	са́мый краси́вый са́мый высокий бо́льше всех интере́снее всего́	

☞ **Remember**

- **Высший, низший, худший.**
- Высший = высочайший.
  Compare: высочайшая гора;
  высшее образование.

✍ **Note**

1. Complex superlative degree (*with the word* -ое, -ые)) is used when the object posses...s the quality in the highest degree as compared to other objects:

Самое вкусное мороженое (из всех других)

2. Simple superlative degree is used when the object possesses the quality in a very high degree without comparison with others:

Вкуснейшее мороженое (очень вкусное)

123. Употребление полных и кратких прилагательных
Full- and short-form adjectives

Full-form adjectives	Short-form adjectives
1. Full-form adjectives nominate **permanent** feature: Мой дедушка старый и **больной** человек. Девушка очень **красивая**.	1. Short-form adjectives nominate **temporary** feature: Обычно он очень здоровый, но сейчас **болен**. Сегодня эта девушка очень **красива**.
2. Full-form adjectives express **an objective** assesment: Эта улица **узкая**. Эти туфли **большие**.	2. Short-form adjectives express **subjective** assesment: Эта улица **узка** для такого большого количества машин.
3. Full-form adjectives give characterization of **particular** thing: Эта собака очень **умная**.	3. Short-form adjectives give characterization of **group** of things: *Собаки очень* умны.
4. Full-form adjectives are the stylistically **neutral form**: Этот материал очень **прочный**.	4. Short-form adjectives are the **book** form: Этот материал очень **прочен**.
5. Full-form adjectives answer the questions **какой? какая? какое? какие?** In the sentence, they may be used as **an atribut** or **a predicate**: **Красивая** девушка (atribut). Эта девушка **красивая** (predicate).	5. Short-form adjectives answer the questions **каков? какова? каково? каковы?** In the sentence, they may be used only as a predicate: Сегодня эта девушка удивительно **красива**.
6. Full-form adjectives don't have dependent words: Мальчик очень **способный**. Этот актёр очень **известный**.	6. Short-form adjectives have dependent words: Мальчик очень **способен к музыке**. Этот актёр **известен своими ролями** в Голливуде.
7. Full-form adjectives may be combined with the words **такой** and **какой**: **Какой хороший** день! Такой **интересный** фильм!	7. Short-form adjectives may be combined with the words **так** and **как**: **Как хорош** этот день! Фильм **так интересен**!
8. Some adjectives are used **only in full- form**: **коричневый, шоколадный, голубой, кремовый**.	8. Some adjectives are used only in short- form: а) **рад, хорош** (in meaning «красив»), **должен**; б) in standard combinations **средь бела дня, на босу ногу**

124. Образование кратких прилагательных
Formation of short-form adjectives

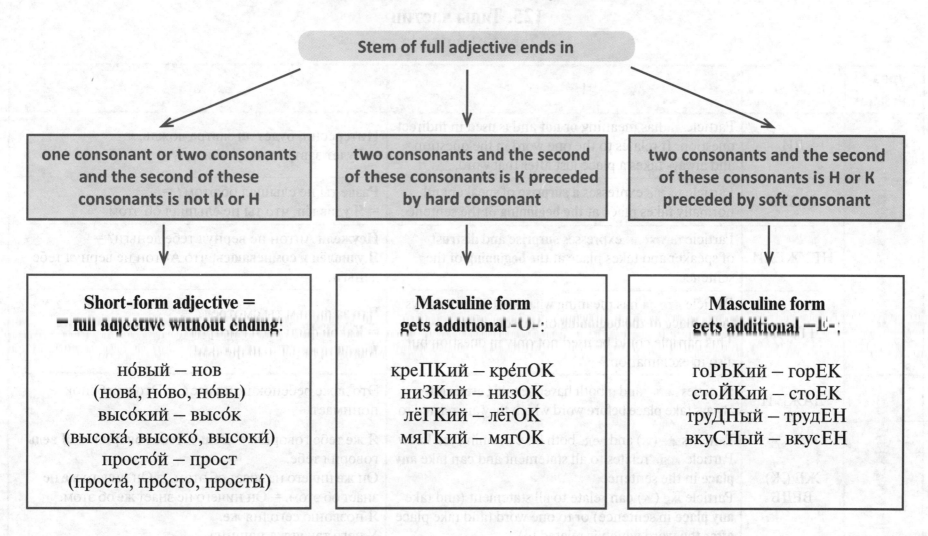

Stem of full adjective ends in

one consonant or two consonants and the second of these consonants is not К or Н	two consonants and the second of these consonants is К preceded by hard consonant	two consonants and the second of these consonants is Н or К preceded by soft consonant
Short-form adjective = = full adjective without ending:	**Masculine form gets additional -О-:**	**Masculine form gets additional -E-:**
но́вый – нов (нова́, но́во, но́вы) высо́кий – высо́к (высока́, высоко́, высоки́) просто́й – прост (проста́, про́сто, просты́)	креПКий – кре́пОК ниЗКий – низОК лёГКий – лёгОК мяГКий – мягОК	гоРЬКий – горЕК стоЙКий – стоЕК труДНый – трудЕН вкуСНый – вкусЕН

125. Типы частиц

Types of particles

Types of particles	Particles	Notes	Examples
Interrogative particles	ЛИ	Particle ли has meaning **or not** and is used in indirect question. It relates to the one word in the question and always takes a place just **after** that word.	Интересно, будет **ли** завтра дождь. = = **Будет** завтра дождь **или нет**.
	РАЗВЕ	Particle разве expresses **a surprise** of speaker and normally takes place at **the beginning** of the sentence.	**Разве** ты не слышал об этом? = = **Я удивлён**, что ты не слышал об этом.
	НЕУЖЕЛИ	Particle неужели expresses **surprise** and **distrust** of speaker and takes place at **the beginning** of the sentence.	**Неужели** Антон не вернул тебе деньги? = **Я удивлён и сомневаюсь**, что Антон не вернул тебе деньги.
	ЧТО ЗА	Particle что за has meaning **what kind of** and always takes place **at the beginning** of the sentence. This particle could be used not only in question but also in exclamation.	**Что за** фильм ты смотрел? = = **Какой** фильм ты смотрел? **Какой** прекрасный фильм!
Amplifying particles	ДАЖЕ И	Particles даже and и both have meaning **even** and always take place **before** word which they are related to.	Это **даже** ребёнок понимает. = Это **и** ребёнок понимает.
	ЖЕ (Ж) ВЕДЬ	Particles же (ж) and ведь both have meaning **you know**. Particle ведь relates to all statement and can take **any place** in the sentence. Particle же (ж) can relate to all statement (and take **any place** in sentence) or to one word (and take place **after** the word which is related to).	Я **же** тебе говорил. = **Ведь** я тебе говорил. = Я **ведь** говорил тебе. Он **же** ничего не знает об этом. = Он ничего **же** не знает об этом. = Он ничего не знает **же** об этом. Я позвоню сегодня **же**. У него такая **же** машина.
	НИ	Particle ни intensifyes negation.	Я **ни** разу не был в этом музее. У меня нет **ни** минуты!

Types of particles	Particles	Notes	Examples
Exclamatory particles	КАК НУ И ЧТО ЗА	All these particles express speaker's **emotions** (positive or negative) and always take place at **the beginning** of the sentence.	**Как** хорошо сегодня! = Очень хорошо сегодня. **Ну и** устал я сегодня! = Я очень устал сегодня. **Ну и** вкус у тебя! = У тебя очень хороший или очень плохой вкус. **Что за** глупости ты говоришь! = Какие глупости ты говоришь!
Restrictive particles	ТОЛЬКО = = ЛИШЬ = ЛИШЬ ТОЛЬКО	These particles have meaning **only** and always take place **before** word they are related to.	Он вернётся **только** (=**лишь**= **лишь только**) завтра.
Demonstrative particles	ВОТ ВОН ЭТО	These particles always take place at the **beginning** of the sentence.	**Вот** наш дом. **Вон** идёт наш преподаватель. **Это** мой дом.
Negative particle	НЕ	Particle **не** always take place **before** word which is related to.	Он **не** позвонил мне. Он позвонил **не** мне. **Не** он позвонил мне.
Particle which express doubt	ЯКОБЫ	Particle **якобы** expresses **a doubt** and takes place **before** word which is related to.	Виктор **якобы** забыл позвонить. = Я сомневаюсь, что он забыл, и думаю, что он просто не хотел звонить.

126. Отрицательные местоимения и наречия с частицей *ни-*
Negative pronouns and adverbs with the particle *ни-*

Negative pronouns and adverbs		Rules of use	Examples
Pronouns:	**никто́** (nobody) **ничто́** (nothing) **никако́й** (no, not any) **ниче́й** (nobody's)	1. Are used to emphasize the negation expressed by the verb with particle **не**. 2. Are declined as the corresponding pronouns.	К нам сегодня **никто́** не приходил. Я давно не получал **ни от кого́** писем. Я не брал **ничью́** чашку. Я об этом **ничего́** не знаю.
Adverbs:	**нигде́** (howhere) **никуда́** (howhere) **ниотку́да** (from howhere) **никогда́** (never)	3. Are written separately with prepositions: **ни от кого́**, **ни о чём**, **ни с ке́м**.	Я **нигде́** не могу найти мои очки. Не ходи без меня **никуда́**! Я **ниотку́да** не жду писем. Он **никогда́** не был в Индии.

Note
1. Sentences with a negative pronoun or adverb containing the particle **ни-** are always personal.
2. The predicate in these sentences is always negative (with the particle **не**).

127. Отрицательные местоимения и наречия с частицей *не-*
Negative pronouns and adverbs with the particle *не-*

Negative pronouns and adverbs		Rules of use	Examples
Pronouns	**не́кого** (nobody) **не́чего** (nothing)	1. Are used to point to the impossibility of action due to the absence of the object. 2. Have no nominative case.	Мне **не́ с кем** поговорить, **не́ от кого** ждать помощи. Ему **не́чего** терять. Нам **не́ о чем** говорить.
Adverbs	**не́где** (nowhere) **не́куда** (nowhere) **не́откуда** (from nowhere) **не́когда** (no time)	3. Are declined like the pronouns. 4. Are written separately with prepositions: **не́ с кем**, **не́ от кого**.	В метро **не́где** сесть. Убери со стола вещи, мне **не́куда** сесть. Ему **не́откуда** ждать помощи. Извини, мне **не́когда** сейчас разговаривать.

Note
1. Sentences with a negative pronoun or adverb containing the particle **не-** are always impersonal. The predicate in this sentence is always expressed by an infinitive.
2. The particle **не-** is always stressed.

128. Неопределённые местоимения и наречия с частицами -то, -нибудь (-либо), кое-
Indefinite pronouns and adverbs with the particles -то, -нибудь (-либо), кое-

Particles	Usage:
-то **кто-то, что-то,** **какой-то, чей-то,** **куда-то, где-то**	1. When you speak about a person, object or quality really existing but unknown to you: **Кто-то** звонит. *(I hear the ring, but I do not know who is ringing.)* Он **что-то** купил. *(I see the package, but I do not know what is in it.)* Он **кому-то** звонит. *(I see that he is phoning somebody, but I do not know whom.)* 2. When you speak about a person, object or quality really existing, well-known to you before, but forgotten at the moment: **Кто-то** уже рассказал мне эту историю. *(I do not remember who.)* **Где-то** я уже видел эту картину. *(I forgot where.)*
-нибудь (-либо) **кто-нибудь (кто-либо),** **что-нибудь (что-либо),** **какой-нибудь (какой-либо),** **чей-нибудь (чей-либо),** **куда-нибудь (куда-либо),** **где-нибудь (где-либо)**	1. When you speak about something absolutely unknown to you or about any person, object or quality: Пусть **кто-нибудь** из вас даст мне словарь. *(It does not matter who.)* Возьми **какую-нибудь** чашку. *(It does not matter which cup.)* Давай завтра **куда-нибудь** пойдём. *(It does not matter where.)* 2. When you speak about something, about which you are not sure: — Мне **кто-нибудь** звонил? — Нет, тебе никто не звонил / Да, тебе **кто-то** звонил. — Ты **куда-нибудь** ходил сегодня? — Нет, я никуда не ходил.
кое- **кое-кто, кое-что,** **кое-какой, кое-чей,** **кое-куда, кое-где**	1. When you speak about an object well known to you but unknown to the listener (i.e. if you want it to be a surprise for the listener or you decide that the information is not important for the listener): — К тебе **сегодня кое-кто** приходил! — Да? И кто же это? *(It is surprise for you.)* — Ты свободен сегодня вечером? — Нет, я должен **кое с кем** встретиться. *(It's not important for the listener*, with whom the speaker is going to meet, the listener need to know only that I am busy tonight.)

 Note

1. **Когда-то** = long time ago, once. **Когда-то** на земле жили динозавры. **Когда-то** я любила его.
2. **Когда-нибудь** = not soon in the future, some (one) day, ever. Вы **когда-нибудь** бывали на Волге? Мы **когда-нибудь** обязательно встретимся.
3. **Кое-как** = а) плохо: Этот человек всегда работает **кое-как**.
   б) с трудом: Он **кое-как** дошёл до двери.

129. Употребление предлогов
Usage of prepositions

Case Question	Prepositional	Genetive	Accusative	Dative	Instrumental
Где? *Where?*	**в** парке **на** работе **при** доме	**у** окна **около (возле)** дома **далеко от** центра **вокруг** парка **вдоль** улицы **мимо** дома) **(на)против** офиса **между** домов	—	**по** парку	**под** мостом **над** городом **за** столом **между** столом и окном **перед** окном
Куда? *Where to?*	—	—	**в** парк **на** работу **за** стол **под** стул	**к** окну	**между** столом и окном
Откуда? *Where from?*	—	**из** театра　**с** работы **от** окна　**из-за** стола **из-под** стула	—	—	—
Когда? *When?*	**в** октябре **на** этой неделе **при** Петре Первом	**до** обеда　**после** обеда **около** пяти　**с** апреля **накануне** праздника	**в** субботу **через** неделю **на** следующий день	**по** субботам **к** пятнице	**за** обедом **между** обедом и ужином **перед** обедом
Почему? *Why?*	—	**из-за** дождя **из** вежливости **от** страха **вследствие** ремонта **в результате** встречи	—	**по** ошибке **благодаря** помощи	**в связи** с ремонтом

130. Употребление предлогов *на, для, от, за*
Usage of prepositions на, для, от, за

Construction	Meaning and field of usage	Example	
ДЛЯ+ Gen.	purpose	крем **для** рук; стакан **для** сока	батарейка **для** часов; деньги **для** Тани
ОТ+ Gen.	part of the whole	ключ **от** шкафа; крышка **от** кастрюли	пуговица **от** пальто; колпачок **от** ручки
НА + Acc.	a) after words **разрешение, документ, виза, рецепт** and some other types of papers;	a) разрешение **на** работу; виза **на** проживание	документы **на** продажу; рецепт **на** лекарство
	b) After verbs of motion, verbs of dynamic and some others, and also after the word **нужен** when we want indicate period of time during which the result of an action is planning to be kept;	b) поехать **на** 3 дня; лечь **на** 5 минут; включить **на** 5 минут; закрыть **на** месяц	ездить **на** неделю; арендовать машину **на** неделю; запомнить **на** всю жизнь; мне это нужно **на** 3 дня
	c) after verbs **договориться, перенести, отложить, заказать** ;	c) договориться **на** субботу; отложить **на** неделю	перенести **на** вечер; заказать **на** 10.30
	d) after verbs **есть, предложить, пить, пригласить, заказать, приготовить** and before words **завтрак, обед, ужин, гарнир, десерт, чай, первое, второе, сладкое**	d) съесть **на** обед; пить **на** завтрак; съесть **на** первое; пригласить **на** чай	приготовить **на** ужин; есть **на** сладкое; заказать **на** гарнир; предложить **на** десерт
ЗА+ Instr.	a) purpose (after verbs of motion);	a) пойти **за** хлебом; сходить **за** ребёнком в школу	сбегать **за** молоком
ЗА + Acc.	b) after words **спасибо, извините** and verbs **платить, отвечать** (in meaning "to be responsible");	b) спасибо **за** звонок; отвечать **за** работу	платить **за** ужин
	c) after verbs **беспокоиться, волноваться, бояться, радоваться**;	c) беспокоиться **за** сына; волноваться **за** неё	радоваться **за** дочь; беспокоиться **за** жизнь
	d) to indicate period of time within which an action will be completed	d) выпить лекарство **за** минуту; убрать **за** полчаса; измениться **за** полгода	сделать **за** 2 часа; объяснить **за** 2 минуты; подготовиться **за** день

§1 Сложное предложение
Complex sentence

131. Употребление союзов *и, а* и *но* в сложном предложении
Usage of the conjunction и, а *and* но *in complex sentence*

Conjunction И →	To connect clauses, which don't oppose each other: Сегодня понедельник, **и** Майкл сегодня работает. Утром у меня была деловая встреча, **и** я не мог позвонить тебе.
Conjunction А →	To connect clauses, which oppose each other: Окно справа, **а** компьютер слева. Я работаю, **а** мой друг отдыхает. Это не ручка, **а** карандаш.
Conjunction НО →	To connect clauses the second of which contains something contrary (unexpected to what might be inferred from the first): Сегодня понедельник, **но** Майкл не работает. Вчера я хотел позвонить тебе, **но** было уже очень поздно, и я не позвонил.

132. Сложное предложение со словом *который*
Complex sentence containing the word который

2 Sentences		↔	1 Sentence	
Я встретил девушку. Я дружу с девушкой. Я позвонил девушке. В комнату вошла девушка.	Она учится в нашем университете. Её зовут Анна.		Я встретил девушку, Я дружу с девушкой, Я позвонил девушке, В комнату вошла девушка,	которая учится в нашем университете. которую зовут Анна.

 Note The case-form of the relative pronoun **который** doesn't depend on the word it agrees with in gender and number, but on its role in the subordinate clause. In the sentence: **Я встретил девушку, которая учится в нашем университете**, the word **которая** is the subject and is in the nominative. In the sentence: **Я встретил девушку, которую зовут Анна**, the word **которую** is the object and is in the accusative.

133. Прямая и косвенная речь
Direct and indirect speech

Direct speech	Indirect speech
Narrative sentence (a statement)	
Преподаватель сказал: «Завтра будет тест». Мой друг сказал мне: «Я хочу подарить тебе эту книгу».	Преподаватель сказал, **что** завтра будет тест. Мой друг сказал мне, **что** хочет подарить мне эту книгу.
Special questions	
Студент спросил: «**Когда** будет тест?» Мой друг спросил меня: «**Куда** ты идёшь?»	Студент спросил, **когда** будет тест. Мой друг спросил меня, **куда** я иду.
General question	
Студент спросил: «**Завтра** будет тест?» Студент спросил: «Завтра **будет** тест?» Студент спросил: «Завтра будет **тест**?» Анна спросила меня: «Ты **пойдёшь** вечером в кино?»	Студент спросил, **завтра ли** будет тест. Студент спросил, **будет ли** завтра тест. Студент спросил, **тест ли** будет завтра. Анна спросила меня, **пойду ли** я вечером в кино.
Injunction (predicate bears the form of imperative)	
Преподаватель сказал нам: «**Дайте** мне, пожалуйста, ваши тетради!»	Преподаватель сказал нам, **чтобы** мы **дали** ему наши тетради.

134. Типы безличных конструкций
Types of impersonal constructions

Description of the construction	Scheme		Example
With the verb: **нравиться / понравиться**	*Кому* +	**нравится** (*Present*) **нравилось** (*Past, Imperfect*) **понравилось** (*Past, Perfect*) **понравится** (*Future*) + *Infinitive*	Мне **нравится** читать. Раньше ему **нравилось** играть в шахматы. Мальчику **понравилось** кататься с горы. Мне кажется, тебе **понравится** плавать в море.
With the words: **нужно, надо, можно, нельзя**	*Кому* +	**нужно** **надо** — (*Present*) **можно** + **было** (*Past*), + *Infinitive* **нельзя** **будет** (*Future*)	Больному уже **можно** вставать. Студенту **нужно** работать. Тебе **нельзя было** курить. Брату **надо будет** купить пальто.
With the verbs: **приходиться, удаваться**	*Кому* +	**приходится** (*Present*) **пришлось** (*Past*) **придётся** (*Future*) **удаётся** (*Present*) **удалось** (*Past*) **удастся** (*Future*) + *Infinitive*	Мне **приходится** много работать. Ему **пришлось** уехать из дома. Мне **придётся** поехать на вокзал. Этому студенту **удаётся** хорошо отвечать на экзамене. Ей **удалось** купить билет на этот спектакль. Если моему другу **удастся** купить билет на этот фильм, вечером мы пойдём в кино.

Description of the construction	Scheme			Example
With the predicative adverbs denoting condition: **грустно, жарко, тепло, холодно, весело, грустно, интересно**	a) ***Кому*** +	— *(Present)* **было** *(Past)* **будет** *(Future)*	+ ***как?***	Девочке **было грустно**. Мне **весело**. Тебе **будет интересно**. В Москве сейчас **тепло**.
	b) ***Где? Когда?*** +	— *(Present)* **было** *(Past)* **будет** *(Future)*	+ ***как?***	Зимой **было холодно**. Завтра на уроке **будет интересно**.
Construction **У меня нет ...**	***У кого?*** +	**нет** *(Present)* **не было** *(Past)* **не будет** *(Future)*	+ ***кого? чего?***	У Павла **нет** сестры. Вчера у нас **не было** лекции по истории. Завтра у меня **не будет** времени.

§ 3

Выражение времени
Expression of time

135. Выражения времени со словами ГОД и МЕСЯЦ
Expressions of time with the words год *and* месяц

Какой месяц?	Зима декабрь январь февраль	Весна март апрель май	Лето июнь июль август	Осень сентябрь октябрь ноябрь	В каком месяце?	Зимой в декабре январе феврале	Весной в марте апреле мае	Летом в июне июле августе	Осенью в сентябре октябре ноябре

Какой год?	этот год / прошлый год 1991 год — тысяча девятьсот девяносто первый год	В каком году?	в этом году / в прошлом году в 1991 году — в тысяча девятьсот девяносто перв**ом** году

157

136. Выражение времени в простом предложении
Expression of time in a simple sentence

Когда? When?

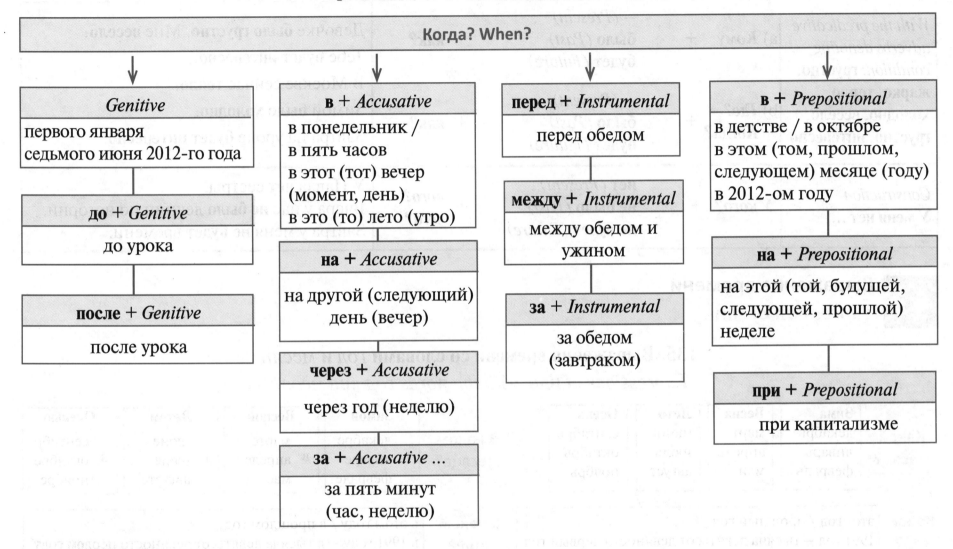

Genitive
первого января седьмого июня 2012-го года

до + Genitive
до урока

после + Genitive
после урока

в + Accusative
в понедельник / в пять часов в этот (тот) вечер (момент, день) в это (то) лето (утро)

на + Accusative
на другой (следующий) день (вечер)

через + Accusative
через год (неделю)

за + Accusative ...
за пять минут (час, неделю)

перед + Instrumental
перед обедом

между + Instrumental
между обедом и ужином

за + Instrumental
за обедом (завтраком)

в + Prepositional
в детстве / в октябре в этом (том, прошлом, следующем) месяце (году) в 2012-ом году

на + Prepositional
на этой (той, будущей, следующей, прошлой) неделе

при + Prepositional
при капитализме

✍ Note We must use only perfective verbs in the sentences with construction за + *Accusative*: Мы **написали** тест за 20 минут.

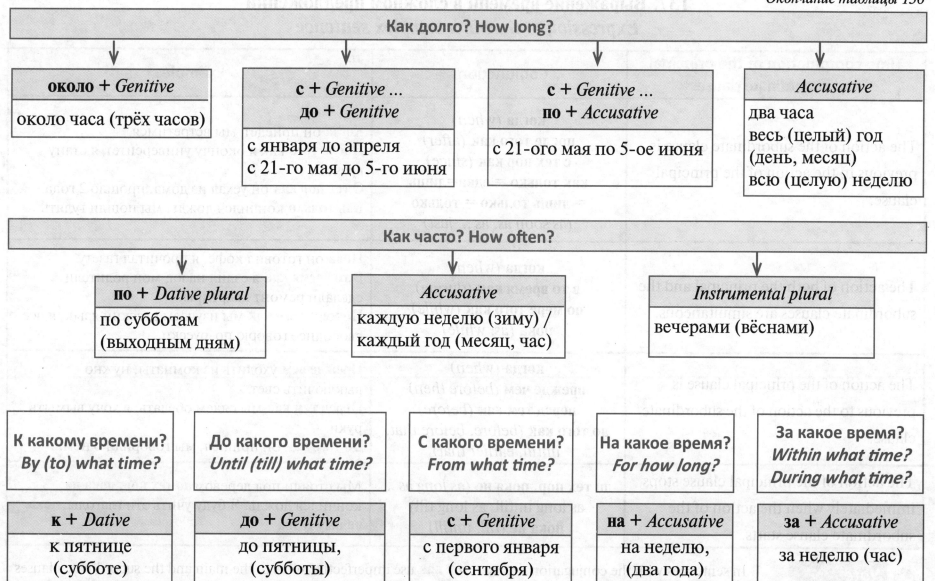

Как долго? How long?

около + *Genitive*	с + *Genitive* ... до + *Genitive*	с + *Genitive* ... по + *Accusative*	*Accusative*
около часа (трёх часов)	с января до апреля с 21-го мая до 5-го июня	с 21-ого мая по 5-ое июня	два часа весь (целый) год (день, месяц) всю (целую) неделю

Как часто? How often?

по + *Dative plural*	*Accusative*	*Instrumental plural*
по субботам (выходным дням)	каждую неделю (зиму) / каждый год (месяц, час)	вечерами (вёснами)

К какому времени? *By (to) what time?*	До какого времени? *Until (till) what time?*	С какого времени? *From what time?*	На какое время? *For how long?*	За какое время? *Within what time?* *During what time?*
к + *Dative*	до + *Genitive*	с + *Genitive*	на + *Accusative*	за + *Accusative*
к пятнице (субботе)	до пятницы, (субботы)	с первого января (сентября)	на неделю, (два года)	за неделю (час)

137. Выражение времени в сложном предложении
Expression of time in a complex sentence

Time coordination of the principal and subordinate clauses	Conjunctions	Examples
The action of the subordinate clause is previous to the action of the principal clause.	**когда** *(when)* **после того как** *(after)* **с тех пор как** *(since)* **как только = едва=лишь = лишь только = только** *(as soon as, as ... just)*	Когда он приедет, мы встретимся. После того как я окончу университет, я стану врачом. С тех пор как он уехал из дома, прошло 2 года. Как только кончился дождь, мы пошли гулять.
The action of both the principal and the subordinate clauses are simultaneous.	**когда** *(when)* **в то время как** *(during)* **по мере того как** *(while)* **пока** *(as, while)*	Пока он готовил кофе, я прочитал газету. В то время как я ездил на юг, мои родители сделали ремонт квартиры. По мере того как мы изучаем русский язык, я всё свободнее говорю по-русски.
The action of the principal clause is previous to the action of the subordinate clause.	**когда** *(when)* **прежде чем** *(before then)* **перед тем как** *(before)* **до того как** *(before, before that, untill, earlier that)*	Прежде чем уходить из комнаты, нужно выключить свет. Перед тем как мы сядем обедать, я хочу вымыть руки. До того как он пришёл, мы говорили о нём.
The action of the principal clause stops immediately when the action of the subordinate clause starts.	**до тех пор, пока не** *(as long as .., as long untill, as long till)* **пока не** *(till, untill)*	Мы стояли под деревом до тех пор, пока не кончился дождь. Я буду учить эти глаголы, пока не выучу их.

 Note

1. In sentences with the conjugation **по мере того как** use imperfective verbs in the main and the subordinate clauses because the action of both the main and subordinate clauses are processes.
2. In sentences with conjunctions **пока не, до тех пор, пока не** use perfective verb in the subordinate clause.

138. Сопоставление выражений времени в простом и сложном предложениях
Comparison of expressions of temporal relations in simple and complex sentences

The adverbial modifiers of time		The temporal subordinate clauses	
Prepositions	**Examples**	**Conjugations**	**Examples**
до + *Genitive* (before, untill)	Он уехал **до моего приезда**. Мы стояли под деревом **до окончания** дождя.	**до того как** (before) **до тех пор, пока не** (till, untill)	Он уехал **до того, как** я приехал. Мы стояли под деревом **до тех пор, пока не** кончился дождь.
после + *Genitive* (after)	Он позвонил мне **после возвращения** с юга.	**после того как** (after)	Он позвонил мне, **после того как** он вернулся с юга.
во время + *Genitive* (during)	**Во время отпуска** я отдыхал в деревне.	**в то время как** (while, as)	**В то время как** у меня был отпуск, я отдыхал в деревне.
по мере + *Genitive* (as, while)	**По мере изучения** русского языка ты всё свободнее говоришь по-русски.	**по мере того как** (while, as ... as)	**По мере того как** ты изучаешь русский язык, ты всё свободнее говоришь по-русски.
за +*Accusative* **до** + *Genetive*	Студент вошёл в аудиторию **за минуту до звонка**.	**за ... до того как**	Студент вошёл в аудиторию **за минуту до того, как** прозвенел звонок.
через + *Accusative* **после** + *Genitive*	Мы пришли в театр **через пять минут после начала** спектакля.	**через ... после того как**	Мы пришли в театр **через пять минут после того как** начался спектакль.
с + *Genitive* **до** + *Genitive*	Аня жила на юге **с июня до конца лета**.	**с... до того как**	Аня жила на юге **с июня до того, как** кончилось лето.

4

Выражение причины и уступки
Expression of reason and concession

139. Выражение причины в простом предложении
Expression of reason in a simple sentence

Constructions	When and where it is used	Examples
из-за + *Genitive (because of, owing to, through the fault of)*	The reason prevents the action.	**Из-за сильного дождя** мы не смогли пойти в парк.
благодаря+ *Dative (thanks to)*	The reason promotes the action.	**Благодаря хорошей погоде** мы поехали на экскурсию.
от + *Genitive (from, of, with)*	The reason is independent of the agent of the action: it denotes the psychological condition of a person or the phenomena of the outside world.	Деревья погибли **от мороза**. Я умираю **от голода**. Девочка засмеялась **от радости**.
из + *Genitive (for, out of)*	The reason depends on the agent of the action who can control his behaviour.	Я пошёл на этот фильм **из любопытства**. Мы слушали его только **из вежливости**.
по + *Dative (for, by, through)*	a) In cases when a person acted in the wrong way. b) For standard combinations.	Я взял твою тетрадь **по ошибке**. Эту ошибку он сделал **по невнимательности**.
вследствие + *Genitive (owing to, on the account of)* **в результате** + *Genitive (as a result of)* **ввиду** + *Genitive (in view of)* **в силу** + *Genitive (because of, on the account of, by virtue of)* **в связи с** + *Instrumental*	The constructions are used in official and scientific style.	**Вследствие землетрясения** многие города и сёла были разрушены. **В результате переговоров** наши страны подписали соглашение. **Ввиду важности** полученных результатов, я хотел бы рассказать о них прямо сейчас. **В силу обстоятельств** я не смогу встретиться с вами. **В связи со сложностью** поставленных перед нами задач просим продлить срок договора на 6 месяцев.

140. Словосочетания с предлогами *от, из, по*
Typical word-combinations with prepositions от, из, по

Typical word-combinations with preposition ОТ	
от радости	*with / from joy*
от горя	*with / from grief*
от страха	*from fear*
от стыда	*from shame*
от усталости	*from fatigue*
от волнения	*for excitement*
от холода	*with / from cold*
от боли	*with / from pain*

Typical word-combinations with preposition ИЗ	
из любопытства	*out of curiosity*
из уважения	*out of respect*
из вежливости	*out of politeness*
из благодарности	*out of gratitude*
из осторожности	*out of prudence*

Typical word-combinations with preposition ПО	
по моей вине	*through my fault*
по болезни	*through illness*
по уважительной причине	*for valid excuse*
по привычке	*by habit*
по совету	*through advice*
по приказу	*by order*
по приглашению	*by invitation*
по решению	*by decision*
по просьбе	*by request*

141. Выражение уступки в простом и сложном предложениях
Expressions of concession in simple and complex sentence

In simple sentence		In complex sentence	
Prepositions	**Example**	**Conjunction**	**Example**
несмотря на + *Accusative (in spite of)*	**Несмотря на сильную усталость** мы шли вперёд.	**несмотря на то что** (*in spite of the fact that*)	Несмотря на то что мы сильно устали, мы шли вперёд.
вопреки + *Dative (in spite of, contrary to)*	**Вопреки плохому прогнозу** вчера был прекрасный день.	**вопреки тому что** (*despite, contrary to*)	Вопреки тому что был плохой прогноз, вчера был прекрасный день.
		хотя (но, однако) (*although*)	Хотя было уже поздно, (но, однако) никто не спешил домой.

142. Сопоставление выражений причины в простом и сложном предложениях
Comparison of expression of reason in simple and complex sentences

Simple sentences		Complex sentences	
Prepositions	**Examples**	**Conjunctions**	**Examples**
благодаря+ *Genitive* (*thanks to*)	Благодаря твоей помощи я сдал экзамен.	**благодаря тому что** (*owing to the fact that*)	Благодаря тому, что ты мне помог, я сдал экзамен.
из-за + *Genitive* (*because of or owing to*)	Из-за дождя мы не пошли гулять.	**из-за того что** (*because of + gerund*)	Из-за того что был дождь, мы не пошли гулять.
вследствие+ *Genitive* (*on account of or owing to*)	Вследствие землетрясения многие города и сёла были разрушены.	**вследствие того что** (*owing to the fact that*)	Вследствие того, что было землетрясение, многие города и сёла были разрушены.
в результате + *Genitive (as result of)*	В результате переговоров были решены многие вопросы.	**в результате того что** (*as result of the fact that*)	В результате того что были переговоры, были решены многие вопросы.
ввиду + *Genitive* (*in view of*)	Ввиду отсутствия времени, я не могу встретиться с вами.	**в виду того что** (*in view of the fact that, as*)	Ввиду того что у меня нет времени, я не могу встретиться с вами.
в силу + *Genitive* (*because of, by virtue of*)	В силу некоторых обстоятельств я прошу вас не уезжать из города.	**в силу того что** (*by virtue of the fact that*)	В силу того что есть некоторые обстоятельства, я прошу вас не уезжать из города.
в связи с + *Instrumental* (*in connection with*)	В связи с болезнью преподавателя не было лекции по истории.	**в связи с тем что** (*in connection with the fact that*)	В связи с тем что преподаватель был болен, не было лекции по истории.

Note

The most frequent conjunctions used in subordinate clauses are потому что and так как. Conjunctions ибо and поскольку could be used as well.

5

Выражение цели
Expression of purpose

143. Выражение цели в простом и сложном предложениях
Expression of purpose in simple and complex sentences

Constructions	Examples
In simple sentences	
Infinitive	Я приехал в Москву **учиться**.
за + *Instrumental*	Я пошёл в магазин **за хлебом**.
с целью в целях | + *Genitive* *(These constructions belong to the scientific and official style)*	**Для изучения языка** нужно заниматься каждый день. Руководители двух фирм встретились **с целью (в целях)** установления контактов.
In complex sentences	
чтобы для того чтобы | + *Infinitive* *(There is 1 subject in the principal and subordinate clauses)*	**Я** пришёл к товарищу, **чтобы (для того чтобы) помочь** ему.
чтобы для того чтобы | + *Past* *(There are 2 different subjects: one — in the principal clause, another — in the subordinate clause)*	**Я** пришёл к товарищу, **чтобы (для того чтобы) он помог** мне.

144. Употребление союза чтобы (для того чтобы) в придаточном предложении цели
Use of the conjunction чтобы (для того чтобы) in the subordinate clause of purpose

The conjunction чтобы can be omitted	The conjunction чтобы cannot be omitted
1. **After the verbs of motion**: Я **приехал** в Москву учиться 2. **After dynamic verbs**: ложиться / лечь садиться / сесть вставать / встать останавливаться / остановиться отправляться / отправиться возвращаться / возвратиться (вернуться) Я **лёг** поспать. Он **остановился** прочитать афишу.	1. In cases when the subjects in the principal and subordinate clauses are different: Я пришёл к товарищу, **чтобы он** помог мне. 2. In cases when there is any verb in the principle clause except for the verb of motion: Я купил эту книгу, **чтобы** подарить её брату. 3. In cases when there is the verb of motion in the principial clause as well as in the subordinate clause: Я **ушёл** с работы пораньше, **чтобы пойти** на вокзал и **купить** билеты. 4. In cases when there is the verb in the negative form in the subordinate clause: Я **вышел** из комнаты, **чтобы не мешать** ему работать.

145. Употребление что и чтобы в сложном предложении
Usage of the words что *and* чтобы *in complex sentence*

Что	Чтобы
After the verbs сказать, написать, передать, сообщить	
When the speaker just wants to give information only *(There is a narrative sentence in direct speech):* Я сказал, **что** Виктор позвонил мне сегодня. (Я сказал: «Виктор звонил мне сегодня»). Сестра передала, **что** ты позвонил ей. (Сестра передала: «Он позвонил мне»). Он сообщил, **что** они не ждали его. (Он сообщил: «Они не ждали меня»).	When the speaker wants to express a wish, command or request *(There is a sentence with imperative in direct speech):* Я сказал Виктору, **чтобы** он позвонил мне сегодня. (Я сказал Виктору: «**Позвони** мне сегодня!») Сестра передала, **чтобы** ты позвонил ей. (Сестра передала: «**Пусть** он позвонит мне!») Он сообщил, **чтобы** они не ждали его. (Он сообщил: «**Не ждите** меня!»)
After the verbs: хотеть, желать, просить, требовать, велеть, советовать, приказывать use the word **чтобы** only:	
	Я **желаю** тебе, **чтобы** ты хорошо сдал экзамен. Я **прошу** тебя, **чтобы** ты позвонил мне вечером. Врач **советует**, **чтобы** он бросил курить.

 Note After all these verbs (except the verb хотеть) we can omit the word чтобы — in such cases the verb after the verbs просить, желать, советовать etc. should be in the infinitive form:
Я **желаю** тебе, **чтобы** ты хорошо **сдал** экзамен. = Я **желаю** тебе хорошо **сдать** экзамен.
Врач **советует**, **чтобы** он **бросил** курить. = Врач **советует** ему **бросить** курить.
But: Я **хочу**, **чтобы** ты прочитал эту книгу.

146. Выражение условия в простом предложении
Expression of condition in simple sentence

Expression of condition		
с + *Instrumental*	**без** + *Genitive*	**при** + *Prepositional*
С увеличением атомного веса элементов их свойства изменяются.	Без помощи друга я не смогу подготовиться к экзамену.	При желании этот студент может хорошо учиться.

147. Условное наклонение
Conditional mood

The form of the conditional mood	The verb in past tense + particle *бы*
Meaning	**Example**
The optional mood	Я с удовольствием пошёл бы с тобой в кино (но у меня нет времени).
Request, advice, suggestion	Вы не могли бы дать мне учебник? Сходил бы ты к врачу! Ты бы пошёл пока за билетом!
Possible action	На вашем месте я бы не беспокоился об этом.

 Note The particle **бы** can be used after a predicate, before a predicate and can be separated from a predicate by one or more words, e.g.:
Я с удовольствием пошёл бы в кино. = Я бы с удовольствием пошёл в кино. = Я с удовольствием бы пошёл в кино.

148. Выражение условия в сложном предложении
Expression of condition in a complex sentence

Real condition	Unreal condition
Если ... + *predicate in any tense,* **(то)** *... +* *predicate in any tense*	**Если бы ...** + *predicate in past tense,* **(то)** *... +* *predicate in conditional mood*
This scheme denotes an action that took place, is taking place or will take place depending on the condition mentioned in the sentence.	*This scheme denotes not real, but possible action: the subordinate clause denotes the possible condition for the action.*
Если на улице хорошая погода, **(то)** мальчик **идёт** гулять.	**Если бы** вчера **была** хорошая погода, **(то)** мальчик **пошёл бы** гулять (но вчера была плохая погода, и гулять он не ходил).
Если на улице **была** хорошая погода, **(то)** мальчик **ходил** гулять.	**Если бы** ты **купил** билеты, **(то)** мы **пошли бы** вчера. в кино (но ты не купил билеты, и в кино мы не ходили).
Если завтра на улице **будет** хорошая погода, **(то)** мальчик **пойдёт** гулять.	**Если бы** ты **купил** билеты, **(то)** мы **могли бы** пойти завтра в кино (но я сомневаюсь, что ты купишь).

☞ **Remember**

Если = Раз	Если бы + *Past form of a verb* = *Imperative*
Если ты идёшь в магазин, купи молоко. = **Раз** ты идёшь в магазин, купи молоко.	**Если бы** он **вернулся** раньше, мы бы встретились. = **Вернись** он раньше, мы бы встретились.

Выражение образа действий
Expression of mode of action

149. Выражение образа действий в простом предложении
Expression of the mode of action in simple sentence

Construction	Example
с+ *Instrumental*	Я прочитал этот роман с интересом.
без+ *Genitive*	Я прочитал этот роман без интереса.
Instrumental	Быстрыми шагами он пошёл к выходу.
по + *Dative*	Я позвонил ему по телефону. Мы сразу узнали его по голосу.
на (в) + *Accusative*	Скорость велосипедиста увеличилась в 2 раза (на два километра в час).
с помощью (при помощи) + *Genitive*	С помощью (при помощи) компьютера эту задачу можно решить очень быстро.
посредством + *Genitive*	Эта проблема была решена посредством личных встреч руководителей.
методом (способом, путём) + *Genitive*	Будем решать эту задачу методом (способом, путём) дедукции.

150. Выражение образа действий в сложном предложении
Expression of the mode of action in complex sentence

Connective words	Example
так, как *(as)*	Он говорил так, как мы договорились.
так, что *(so...that, so...)* так, чтобы *(in such a way)*	Он говорил так, что его все слушали. Он говорил так, чтобы его все поняли.
так, словно так, будто так, как будто *(like, as if, as though)* таким образом *(in a such way)*	Он посмотрел на меня так, словно (будто, как будто) ничего не знал об этой истории. Он сел таким образом, чтобы на него не дуло из окна.

Несогласованное определение
Uncoordinate attribute

151. Конструкции с несогласованным определением
Constructions with incoordinate attribute

Description of person	Description of thing
The *Genitive* case without a preposition	
Age and height: Девушка **двадцати лет**. Мужчина **высокого роста**. ***Internal qualities:*** Человек **большого таланта** и **глубокого ума**.	***Qualitative and quantitative characters*** *(always with an attribute):* Дерево **огромной высоты**. Платье **маленького размера**. Шоколад **высокого качества**. Перчатки **красного цвета**.
The *Genitive* case with the preposition *БЕЗ*	
External and internal qualities: Человек **без шапки** и **без шарфа**. Молодой человек **без совести**.	***Characters of properties:*** Газ **без цвета** и **запаха**. Чай **без сахара**.
The *Genitive* case with the preposition *ДЛЯ*	
	Purpose: Полка **для книг**. Шкаф **для посуды**. Машина **для перевозки мебели**.

Description of person	Description of thing
The *Genitive* case with the preposition *ИЗ*	
	Material: Стол **из дерева**. Чашка **из фарфора**.
The *Instrumental* case with the preposition *С*	
Exterior: Девушка **с тёмными глазами** и **со светлыми волосами**. ***Internal qualities:*** Человек **с большим талантом** и **глубоким умом**.	***Characters of properties:*** Вещество **с неприятным запахом**. Элемент **с атомным весом** 20. Ручка **с синими чернилами**. Кресло **с высокой спинкой**.
The *Instrumental* case without a preposition	
	Quantitative characters (*without attribute*): Дерево **высотой 10 м**. Комната **шириной 3 м**. Тело **весом 10 кг**.
The *Prepositional* case with the preposition *В*	
Clothes: Девушка **в светлом пальто**, **в тёмном шарфе** и **в перчатках**.	

Учебное издание

Новикова Наталья Степановна
Шустикова Татьяна Викторовна

Русская грамматика в таблицах и схемах

Справочное пособие для иностранных учащихся

Редактор: *Н.О. Козина*
Корректор: *В.К. Ячковская*
Макет и верстка: *О.Б. Вереина*

Подписано в печать 12.04.2013 г. Формат 60×90/8.
Объём 22 п. л. Тираж 1500 экз. Заказ № 721

Издательство ЗАО «Русский язык». Курсы
125047, Москва, 1-я Тверская-Ямская ул., д. 18
Тел./факс: +7(499) 251-08-45; тел.: +7(499) 250-48-68
e-mail: rkursy@gmail.com; ruskursy@gmail.com; russky_yazyk@mail.ru
www.rus-lang.ru

Отпечатано с электронного файла в ОАО «Щербинская типография»
117623, Москва, ул. Типографская, д. 10
Тел. 659-23-27

ПРАКТИКУМ ПО РУССКОЙ ГРАММАТИКЕ: В 2 ч.

Л.Л. Бабалова, С.И. Кокорина

Ч. 1. КОРРЕКТИРОВОЧНЫЙ КУРС: ПАДЕЖНЫЕ ФОРМЫ ИМЕН И СИСТЕМА ГЛАГОЛА.
Ч. 2. СИНТАКСИС ПРОСТОГО И СЛОЖНОГО ПРЕДЛОЖЕНИЯ.

Практикум состоит из 2-х частей. Первая часть представляет собой корректировочный курс по русской грамматике и охватывает падежные формы именных частей речи и систему глагола. Она включает в себя материал, рассчитанный на тех учащихся, которые знакомы с основами русской грамматики на уровне А2, имеют навыки устной речи, понимают и читают по-русски, но нуждаются в осмыслении грамматической системы русского языка и выработке автоматизма в употреблении форм. Вторая часть посвящена синтаксису простого и сложного предложения. Она рассчитана на тех, кто владеет русским языком на уровне В1, В2. Авторами использован принцип «от смысла — к форме», который позволяет не только увидеть особенности русского синтаксиса, но и выполнять основную коммуникативную задачу говорящего — выражать смысловые связи между обозначаемыми событиями.

В пособии отобраны языковые явления, вызывающие наибольшие затруднения у изучающих РКИ. Пособие не содержит теоретических положений о системе имен и глагола и описания типов простого и сложного предложения. Главное его содержание — упражнения, предназначенные для интенсивной тренировки в употреблении основных форм.

Предлагаемые материалы рассчитаны на изучение в аудитории с участием преподавателя и не могут служить самоучителем.

2011. — 192 с. ISBN 978-5-88337-232-1
2011. — 352 с. ISBN 978-5-88337-233-8

ЛЕКСИЧЕСКИЙ ПРАКТИКУМ-ТРЕНИНГ:

Электронное учебно-справочное пособие

С.И. Дерягина, Е.В. Мартыненко

Издание представляет собой комплекс, включающий **электронное справочное пособие** и рабочую тетрадь.

Пособие поможет решить одну из сложных проблем обучения РКИ — проблему лексической и грамматической сочетаемости слов. Включенные в пособие лексико-грамматические группы отобраны на основе типичных речевых ситуаций, которые возникают у носителей русского языка в условиях естественной коммуникации и вызывают трудности из-за совпадения их значений, из-за разной сочетаемости или разного управления.

Пособие содержит толкование лексических единиц разных частей речи и задания, иллюстрирующие особенности их употребления. Каждое слово представлено не изолированно, а как системная единица с указанием связей, в которые оно вступает с другими словами.

Выполнение письменных заданий, включенных в рабочую тетрадь, будет способствовать закреплению полученных знаний и развитию навыков письменной речи. Задания можно выполнять выборочно в зависимости от потребностей учащихся. Пособие содержит ключи к заданиям, поэтому предназначено как для занятий под наблюдением преподавателя, так и для самостоятельной работы учащихся. Рабочую тетрадь можно использовать в сочетании с любыми другими учебными материалами.

Пособие предназначено для иностранцев, владеющих русским языком в объеме I сертификационного уровня. Оно также может быть полезно студентам гуманитарных специальностей и будущим переводчикам.

2012. — 120 с. ISBN 978-5-88337-278-9

Комплекс «МОИ ДРУЗЬЯ ПАДЕЖИ»

1. МОИ ДРУЗЬЯ ПАДЕЖИ. Грамматика в диалогах

Л.Н. Булгакова, И.В. Захаренко, В.В. Красных

Пособие представляет собой сборник упражнений по одной из труднейших для иностранцев тем русской грамматики. Основная его цель — корректирование и закрепление знаний о русской предложно-падежной системе.

Пособие состоит из 6 частей, в каждой из которых описывается определенный падеж. Падежи предлагаются в той последовательности, в какой они обычно изучаются в курсе РКИ. Задания включают языковые единицы, которые постоянно воспроизводятся в речи носителей русского языка в условиях естественной коммуникации. Построение пособия дает преподавателю возможность выборочного использования материалов в зависимости от потребностей учащихся.

Может быть использовано на всех уровнях владения русским языком как иностранным.

7-е изд. — 2011. — 216 с.

ISBN 978-5-88337-033-4

2. МОИ ДРУЗЬЯ ПАДЕЖИ: рабочая тетрадь

Л.Н. Булгакова

Рабочая тетрадь рекомендуется для использования в комплексе с учебным пособием «Мои друзья падежи. Грамматика в диалогах», содержащим главным образом устные задания. Параллельное выполнение письменных заданий, включенных в рабочую тетрадь, поможет закрепить полученные знания и будет способствовать развитию навыков письменной речи.

Пособие содержит ключи к заданиям, поэтому подходит и для занятий с преподавателем, и для самостоятельной работы учащихся.

2-е изд. — 2011. — 240 с.

ISBN 978-5-88337-164-5

ИДТИ ИЛИ ХОДИТЬ? ГЛАГОЛЫ ДВИЖЕНИЯ В РУССКОМ ЯЗЫКЕ

Л. П. Юдина

Предлагаемое пособие позволит систематизировать знания по одной из наиболее трудных тем русской грамматики и усовершенствовать навыки свободного употребления глаголов движения в речи.

Задания сформулированы так, чтобы учащийся мог проявить максимум языковой активности и развить способность анализировать тексты и сообщения, самостоятельно делать выводы и вступать в коммуникацию.

В книге содержится большое количество ситуационных заданий, учитывающих особенности письменной и устной разговорной речи. К упражнениям даются ключи и подробные комментарии, позволяющие изучить рассматриваемые вопросы более полно.

Материал рассчитан на иностранных учащихся, владеющих русским языком в объеме базового и I сертификационного уровней.

Пособие может быть использовано при изучении темы «Глаголы движения» как дополнительный материал на уроках по грамматике, а также для самостоятельной работы.

2010. — 200 с. ISBN 978-5-88337-229-1

ДЛЯ ЗАМЕТОК